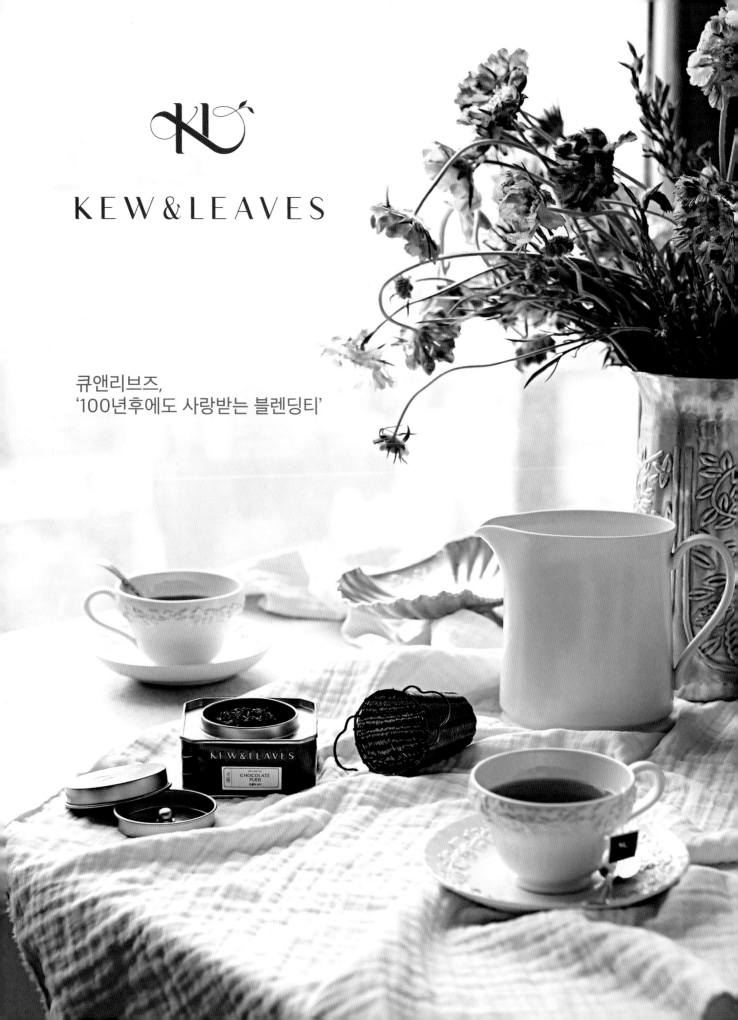

KEW&LEAVES

큐앤리브즈 최고의 철학이 담긴 블렌딩티

국내 차(茶)업계 최초로 '식음료계의 미슐랭'이라 불리는 국제미각심사기구(iTQi) 최고 등급 3관왕.
GTA 골든티어워드 금상 수상 등 국내외에서 실력을 인정받은 큐앤리브즈는 품질 좋은 찻잎을 베이스로
허브.꽃잎, 과일, 곡물 등 동서양의 식재료를 블렌딩하여 개발한 독창적인 티를 선보입니다.
마스터 티 블렌더의 기술과 노하우로 펼쳐지는 블렌딩 티의 새로운 세계, 큐앤리브즈를 통해 경험해보십시오

www.kewandleaves.com

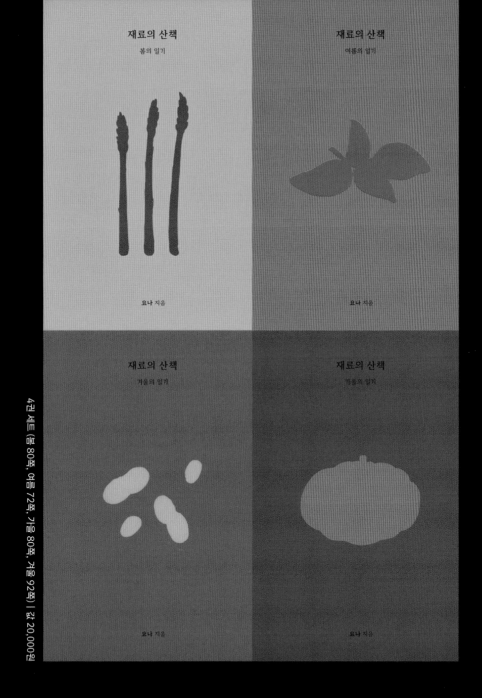

재료의 산책
봄의 일기

요나 지음

재료의 산책
여름의 일기

요나 지음

재료의 산책
거울의 일기

요나 지음

재료의 산책
가을의 일기

요나 지음

4권 세트 (봄 80쪽, 여름 72쪽, 가을 80쪽, 겨울 92쪽) | 값 20,000원

매거진 《AROUND》에 연재한 4년간의 기록

제철 채소와 함께하는 요나의 담백한 음식 에세이

COLORS

살아가는 데 있어 감성이 중요한가 이성이 중요한가를 놓고 이야기를 나눈 적이 있다. 내가 무언가 결정을 할 때 예를 들면 물건을 골라 돈을 지불하여 내 손에 들어오기까지의 과정이 이성적이었을까? 이번 호를 다루면서 왜 감성과 이성 타령이냐 할지도 모르겠지만 좋아하는 색을 고민하다 든 생각이다. 우리가 살아가면서 결정하는 많은 부분에 감성적인 부분이 작용한 게 아닐까. 적어도 색과 같은 취향을 고르는 일에는 더욱이 말이다. 우리는 상대방이 좋아하는 색만으로도 그 사람의 심리상태나 성격, 취향까지 알 수 있다. 얼굴이 붉으락푸르락하다는 말처럼 색은 내면뿐 아니라 겉모습에 대해서도 보여준다. COLOR는 어원인 라틴어로 '덮어서 감추는 것'이라는 의미를 지닌다. 어떤 무언가에 색을 얹는다. 나는 어떤 색을 지닌 사람인가. 어떤 색이 자신을 더 돋보이게 하는지 고민한다. 색을 다루는 직업 외에도 자신을 표현하는데 색은 중요한 역할을 한다. 옛 유적에서도 부유하거나 가난한 것은 색에서 차이가 난다는 걸 알 수 있다. 요즘은 색을 쓰는 일이 부유한 자만의 특권이 아니다. 가끔 좋아하는 색이 없다고 말하는 사람이 있다. 그건 즉 삶에 흥미도 재미도 찾지 못하는 경우가 많다고 색채 심리학자들은 말한다. 자신의 색을 찾아 나서고 그것을 모으면서 삶이 얼마나 더 활력 넘치게 변화하는지 사례를 들기도 했다. 이번 호에서 우리는 더하거나 빼기를 반복하여 수만 가지 중 마음에 드는 색을 찾아냈다.

편집장 **김이경**

Taipei, 2017

Taipei, 2017

Taipei, 2017

Taipei, 2017

TongHe 16
3 - 53

Taipei, 2017

for more
INFORMATION

GREEN SEED   www.greenseed.jp   03-3400-5511

安　全 ✛ 第　一　　　　安全✛第一

Tokyo, 2016

Tokyo, 2016

Taipei, 2017

Seattle, 2016

Melbourne, 2017

RGB TRIP

여행지에서 우연찮게 마주한 R(RED), G(GREEN), B(BLUE)
의 장면을 그러 모았다. 이역만리 타지에서의 유쾌한 발견
이기도 하면서 동시에 눈이 즐거운 색깔의 여행이기도 하다.

My Colorful Diary

사키

어린 시절 다이어리를 꾸미듯 프레임 안을 다양한 색과 조각들로 채운다. 일상의
순간을 포착해 자신만의 색으로 표현하는 작가. 사키saki로 활동하는 권은진을
서울역 근처 그녀의 작업실에서 만났다. 하얀 페인트로 칠해진 좁고 가파른 계단
을 오르자 유리문 너머로 빨갛고 파랗고 노란 색깔들이 튀어나왔다. 저녁 5시의
지는 태양이 때마침 서쪽 창문으로 들어와 하얀 작업실을 근사하게 비췄다.

에디터 **김혜원**   포토그래퍼 **Hae Ran**

"하루하루 다 기억할 수는 없어요. 평범하고 별거 없는 날은 그냥 지나가고요.
평범한 날이나 반대로 의미 있고 중요한 순간을 제 손으로, 제 심미안으로
남겨놓을 수 있다는 게 저한텐 큰 의미예요. 일기를 쓴다고 생각하면서 작업해요."

대학에서 의상을 전공한 뒤 패션 MD로 일했다고 들었어요.

맞아요. 특이한 경력이죠. 처음 듣는 분들은 직장 생활을 하다가 전업한 거로 생각하시는데, 저는 반대예요. 어떻게 하다 보니까 직장을 오래 다녔죠. 그만두고 다른 걸 해야겠다는 생각은 계속했어요. 20대 중·후반에는 확실하게 하고 싶은 게 없었어요. 이것저것 경험하다 보면 하고 싶은 걸 찾게 되겠지 하는 생각에 회사도 다니고 사회 경험도 해본 거죠. 그러다가 '아, 이제 그만두고 뭔가를 해봐야겠다.' 결심해서 개인 작업을 시작한 거예요.

회사를 그만두고 가장 먼저 한 일이 작업인가요?

6개월 이상 아무것도 안 했어요. 한두 달 놀다가 여행도 가고요. 회사 다니니까 아실 것 같은데, 출퇴근만 해도 일이잖아요(웃음). 학교 다니고 회사 다니고, 아무것도 안 해본 적이 없어요. 좋더라고요. 회사 그만두고 나서 정말 아무것도 없었는데, 되려 지금보다 그때가 더 마음이 편했던 것 같아요.

처음 만든 작품이 궁금해요.

지금 시리즈로 하고 있는 모든 작업의 시작이 친구들과의 여행이에요. 친구들이랑 여행 다니는 걸 좋아했어요. 국내 작은 지방 도시를 즉흥적으로 가기도 하고요. 어쨌든 아이폰이 있으니까 사진을 남기는데, 나중에 돌아와서 보면 남는 게 없더라고요. 사진을 SNS에 올리는 거 정도였어요. 저희끼리 "이거 너무 아깝지 않아?" 하고 얘기하다가 제가 전공자니까, 이걸 한 번 판매해보자, 아니 판매가 아니더라도 남길 수 있는 물건으로 만들어보자, 이렇게 된 거죠. 친구들이랑 사진을 디지털 프린트해서 패브릭으로 만

들었어요. 나중에는 뿔뿔이 흩어져 저 혼자 하게 됐지만요. 그게 계기가 되어 여행이나 일상에서 찍은 사진, 제가 작업한 이미지를 패브릭으로 제작하기 시작했어요.

'수비니어 패브릭 시리즈SOUVENIR FABRIC Series'였죠? 기념품 모으는 것도 좋아하나요?

엄청난 컬렉터나 수집광은 아니지만, 개인적으로 의미 있는 시기나 장소에 관련된 물건은 모아놓는 편이에요. 남들이 봤을 땐 너무 보잘것없어서 "이걸 왜 갖고 있어?" 할 만한 것들인데요. 예를 들면 여행지에서 갔던 카페의 냅킨 같은 거요. 냅킨은 쓰고 버리면 정말 쓰레기가 되잖아요. 그런 걸 계속 가지고 있어요.

회사를 그만두었을 때 자기 자신에 대한 확신이 있었는지 궁금해요.

그런 확신은 물론 갖고 있었죠. 음… 논리적으로 저 자신을 잘 설명할 수 있으면 좋겠지만, 제가 말을 조리 있게 잘하는 스타일이 아니에요. 표현하고 싶은 걸 정확하게 전달하는 일도 어렵고요. 이렇게 인터뷰를 하거나 제 작업을 설명할 때 조금 힘들다고 하니, 어떤 분이 저한테 그러셨어요. 너는 그냥 만드는 사람이지 그걸 굳이 설명할 필요는 없다, 작가라고 하는 사람들은 그걸 만들 수밖에 없는 사람인 것 같다, 작가는 어때야 한다는 말은 딱히 의미가 없는 것 같다고요. 그냥 자기 걸 만들고 있고, 그게 억지로 한 게 아니라 자연스럽게 그렇게 된 사람이 작가가 아닐까 한다는 거예요. 그 말에 공감했어요. 저 자신과 제 상황을 정말 잘 설명해주는 얘기였거든요.

'사키'라는 이름은 어떤 의미인가요?

특별한 의미는 없어요. 나는 작가로 활동하고 작가 이름은 이걸로 할 거야, 해서 만든 게 아니에요. '패브릭을 판매해볼까?' 였잖아요. 패브릭을 판매하려면 라벨도 달아야 하고, 그러면 이름이 필요하죠. 알파벳 조합을 봤을 때 이 모양이 제일 마음에 들었어요. 또 부르기 쉽고 아무 의미도 없고요.

작가님에 대해 찾아보다 "한 사람의 개인적인 영감과 기억을 담은 기념품을 만들고자 한 것이 작업의 모티브다."라고 한 소개 글을 봤어요. '수비니어 패브릭 시리즈'에 대한 설명 같기도 한데, 이게 여전히 작가님의 작업을 설명하는 문장일까요?

그렇게 말할 수 있을 것 같아요. 이것은 프랑스 어디에서 찍은 사진입니다, 하고 작업에 직접 드러나진 않지만요. (바닥에 펼쳐진 작품을 가리키며) 이건 제가 제주도로 여행 갔을 때 해안에서 찍은 사진을 드로잉 한 거예요. 제가 상상력이 뛰어나진 않아요. 경험해보지 못한 것, 본 적 없는 걸 상상하기보

저는 글에서 '한 사람'이라는 부분이 인상적이었어요. 작가님께 사람이 가장 흥미로운 대상인가 싶더라고요.

맞아요. 제가 나중에 워크숍을 하게 된 것도 다른 사람들의 이야기를 들어보고 싶어서예요. 주제가 있긴 하지만, 어쨌든 각자의 이야기를 하잖아요. 자신의 이야기를 사진 같은 기념할 만한 비주얼 오브제로 콜라주 하는 거거든요. 되게 재미있어요. 저는 혼자 작업하는 사람이라 이렇게 사람들을 만나는 게 힘이 되기도 해요.

워크숍은 자주 하시나요?

한 달에 한 번은 꼭 하려고 했어요. 작년엔 진짜 꾸준히 했거든요. 그런데 올해는 두 번 했네요. 일이… 핑계, 핑계죠. 이번에 여행 다녀와서 꼭 할 거예요.

가장 큰 영향을 준 사람, 한 명만 꼽을 수 있을까요?

멋있는 작업을 한 작가들도 많이 좋아하는데요. 한 명을 꼽긴 힘들 것 같아

다는 제가 겪거나 보고 느낀 걸 일기처럼 남기는 게 편해요. 그게 저한테 맞는 방식 같고, 제가 할 수 있는 거예요. 그러니까 저 설명이 지금도 적용되는 것 같아요.

만나는 사람이나 경험하는 장소에 영향을 받겠어요.

네. 저기 밑에 조금 흥분한 서울역 아저씨들한테도 영향을 받고요. 가끔 베스트드레서 분들이 보이거든요(웃음).

서울역 특유의 분위기가 있죠.

그래서 어떤 분은 여기가 특별히 좋아서 온 거냐고 물어보셨는데, 그건 아니에요. 어쨌든 제가 생활하는 공간이잖아요. 작업실 안이나 작업실 밖 동네나, 평소에 왔다 갔다 하면서 본 풍경을 많이 이야기하게 되는 것 같아요.

요. 그냥 주변 사람들한테 영향을 많이 받아요. 지금 같이 작업실을 쓰고 있는 친구한테도 영향을 받고요. 고집이 센 것 같은데 귀가 얇은 편이거든요. 이렇게 얘기하면 멋이 없을까요?

아니요. 충분해요(웃음). 보통 작업은 어떻게 시작되나요?

제가 계획을 별로 안 좋아하고 잘 세우지도 못하는데요. 일기를 쓴다고 생각하면서 작업하는 것 같아요. 하루하루 다 기억할 수는 없잖아요. 평범하고 별거 없는 날은 그냥 지나가고요. 평범한 날이나 반대로 의미 있고 중요한 순간을 제 손으로, 제 심미안으로 남겨놓을 수 있다는 게 저한테 큰 의미인 것 같아요.

작업의 밑그림이 있을까요? 아니면 조금 즉흥적으로 하는 편인가요?

경우에 따라 달라요. 스케치부터 세밀한 계획에 따라 차곡차곡 올려서 완

성하는 것도 있어요. 그런 게 좋기도 하고요. 그런데 대부분 조금 즉흥적으로 한 작업이 나중에 좀더 마음에 드는 것 같아요. 처음에 연습 삼아 한 거나 별로인데 하고 제쳐놓은 것들이요.

즉흥성 안에 작가님만의 규칙이 있나요?

규칙이랄 건 없어요. 다만 봤을 때 너무 인위적이거나 부자연스러운 것들은 다 배제해요. 그래서 처음에 자연스럽게 연습 삼아 해본 것들이 마음에 들 때가 있는 것 같아요.

작가님의 콜라주 작업을 좋아하는데요. 콜라주 작업을 시작하게 된 계기가 있는지 궁금해요.

워크숍을 기획하면서 사람들이 쉽게 작업할 수 있는 방법이 뭘까 생각했어요. 그러다 보니까 콜라주에 초점이 맞춰지더라고요. 저도 거기에 영향을 받아 콜라주 작업을 많이 하게 됐고요.

콜라주에 어떤 매력이 있던가요?

제가 사소한 거 수집하는 걸 좋아한다고 말씀드렸잖아요. 원래 있는 오브제, 일상에서 볼 수 있는 공산품도 좋아하고요. 그런 걸 작업에 자연스럽게 적용할 수 있는 방식이 콜라주인 것 같아요. 그렇지만 콜라주는 제 표현 방법의 하나일 뿐이에요.

그 외에 어떤 도구와 방법을 사용하나요?

색연필이나 크레용, 수채나 아크릴 물감을 쓰고요. 디지털 드로잉과 페인팅도 해요. 그냥 할 수 있는 건 다 해봐요. 이걸로만 할 거야, 아니면 계속 새로운 걸 찾아야 해, 이렇게 마음먹고 하지는 않아요.

가장 좋아하는 도구가 있다면요?

그때그때 작업에 따라서 어울리는 게 있고 재미있는 게 있어요. 그렇지만 제일 효율적인 건 디지털이죠. 다른 것들은 물성이 남지만, 디지털은 삭제 버튼 하나만 누르면 사라지니까요.

'띵즈 아이 러브Things I love' 시리즈에 대해서도 소개해주세요. 제가 좋아하는 영화 〈베를린 천사의 시〉가 있어 무척 반가웠거든요.

어릴 때부터 지금까지 일관된 저의 취향 같은 게 있어요. 브랜드나 영화감독이나, 고유명사는 변할 수 있지만 전체적인 색깔은 같은 거죠. 그런 취향, 제가 좋아하는 것들을 재구성해보면 재미있겠다는 생각이 들어서 시작한 작업이에요.

작품들을 보면 다양한 컬러 배합이 눈에 띄어요.

컬러풀한 걸 좋아해요. 저희 엄마가 예전에 그림을 그리셨는데요. 취향이 서로 비슷하진 않지만, 엄마도 눈에 띄는 선명한 것, 컬러의 콘트라스트 같은 걸 선호하시는 편이에요. 그런 영향도 있었을 거예요. 그리고 어릴 때부터 지금 쓰고 있는 이런 컬러 조합을 좋아했어요. 80~90년대에 어린 시절을 보냈는데, 그때가 경제의 황금기잖아요. 당시의 선명하고 여유 있고 낙천적인 컬러들을 좋아해요. 컬러가 예쁜 유럽 애니메이션도 좋아했고요.

기억나는 애니메이션이 있나요?

EBS에서 방송한 교육용 애니메이션인데, 나중에 찾아보니까 프랑스 애니메이션이었어요. 제가 인스타그램에도 올린 적이 있는데요. 〈Il était une fois… La Vie(옛날 옛적에… 인생)〉이에요. 어릴 때 좋아하던 것들은 지금 다시 봐도 좋아요.

색깔은 어떻게 결정하나요? 시작하기 전에 색깔을 먼저 떠올리나요?

네. 그런 것 같아요. 표현을 하자면 사람이 뭔가를 먹고 싶을 때 머릿속에 떠오르는, 예전에 먹었던 맛이나 느낌이 있잖아요. 그런 것처럼 작업하기 전 컬러들이 머릿속에서 둥둥 떠오르면, 그것들을 표현하는 것으로 작업이 시작되는 경우가 많아요.

무슨 색을 가장 좋아하나요?

좋아하는 색은 너무 많고 때에 따라 기분에 따라 상황에 따라 달라지지만, 삼원색인 레드, 옐로, 블루를 가장 많이 쓰고 좋아하는 것 같아요.

브랜드들과 협업도 많이 하시죠?

많지는 않아요. 작년 〈샤넬 마드모아젤 프리베 서울〉 전시에 전시와 관련된 내용물 작업을 했었고, 동대문디자인플라자에서 열린 〈막스마라 코트〉 전시 작업, '에딧 서울'이라는 레이블과의 작업이요. 에딧 서울은 제 경력이 아무것도 없을 때 먼저 비주얼 작업을 의뢰해주셨죠. 그리고 최근에 한섬의 여성복 브랜드와 협업했어요.

© Il était une fois… La Vie

작업의 시작이 여행이었잖아요. 제일 좋아하는 여행지는 어디인가요?

여행은 다 좋아하는데요. 홍콩을 특히 좋아해요. 도시 자체를요. '홍콩' 하면 왕가위 감독의 영화들을 쉽게 떠올리는데, 아까 제가 80~90년대를 좋아한다고 했잖아요. 홍콩에 그런 느낌이 있어요. 한창의 시대에 머물러 있는 느낌이요. 네온사인 많고, 고가도로 많고요. 90년대에 상상하던 미래 도시가 그런 이미지였잖아요. 그런데 가보면 아시겠지만, 너무나 20세기거든요. 20세기의 21세기라서 더 좋아요. 그리고 다양한 것들이 뒤섞여 있고, 정신없고, 에너지가 있어요.

내년에 도쿄에서 전시를 한다고 했어요.

내년 초 도쿄 전시를 준비하고 있어요. 아직 세부적으로 말하긴 어려운데요. 이때까지 보여드린 것과 새로운 것, 만들 수 있는 것들을 시도해보려고 해요.

앞으로 어떤 작업을 해보고 싶나요?

앞으로 해보고 싶은 건, 음… 전시와 맞물리는 내용이긴 하네요. 공간을 구성하는 거예요. 지금은 작업이 프레임 하나에서 끝나는데, 뭔가 3차원적인 작업물을 만들어볼까 싶어요. 그게 커지면 공간이 되는 거잖아요. 그런 식으로 작업 영역을 넓혀보려고 생각하고 있어요.

계획을 좋아하지 않는다고 했지만, 혹시 작업을 시작하면서 어떤 목표를 세우기도 했나요?

저는 큰 목표가 있거나 뭘 하겠다고 마음먹고 시작하진 않아요. 그냥 단계적으로 제가 할 수 있는 걸 찾아서 하는 거예요. 물론 회사에 다닐 때 혼자 할 수 있는 일을 해야지, 작업을 하든 뭘 만들든 다른 걸 해야지, 하는 생각은 있었어요. 하지만 구체적이고 실제적인 목표는 잡지 않았어요. 작가가 될 거야, 이런 생각으로 회사를 그만둔 건 아니었으니까요. 쉬면서 내가 할 수 있는 걸 찾아야겠다고 생각했는데, 비교적 빨리 찾았죠. 지금 하는 일로 생각하는 목표라면, 좀 길게 하고 싶어요. 제 능력을 많이 보여주고 돈도 많이 벌고요(웃음).

인터뷰가 지면에 나갈 때 이름 앞에 직업이나 직함을 적어요. 작가님 이름 앞엔 뭐라고 적으면 좋을까요? 비주얼 아티스트라고 하기도 하고 콜라주 아티스트라고 하기도 하던데….

비주얼 아티스트… 언제 한번 붙여주신 거긴 한데, 저도 비주얼 아티스트가 뭔지 잘 모르겠어요(웃음). 그런데 뭐라고 쓰셔도 저는 상관없어요.

사키 saki

H. instagram.com/saki_svn

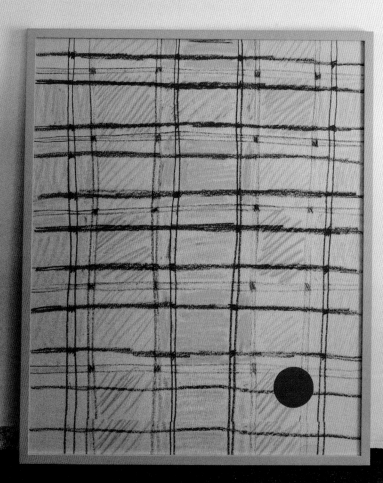

파도가
바다의 일이라면

멧앤멜 Matt and Mel

파도가 바다의 일이라면, 파도를 타는 이들의 일은
염색 패브릭으로 다양한 제품을 만드는 것이다. 서
핑을 위해 발리를 찾던 부부는 '사롱Sarong'의 매
력에 빠져 직접 사롱을 만들기 시작했다.

에디터 **김혜원** 포토그래퍼 **Hae Ran**

"사롱은 저희가 잘 사용하고 또 좋아하는 거예요.
어디서든 여행하는 기분을 느낄 수 있게 해주기도 하고요.
많은 분이 사롱을 사용할 수 있게 더 알려졌으면 좋겠어요."

두 분이 멧과 멜이신 거죠(웃음)? 멧앤멜은 어떤 브랜드인가요?
송리영 멧앤멜은 핸드메이드로 염색한 패브릭을 중심으로, 옷과 리빙 제품을 만드는 라이프스타일 브랜드예요.

저는 패브릭 브랜드인 줄 알았어요.
홍종수 처음에는 사롱과 사롱 문화를 한국에 알리려고 시작했어요. 사롱은 동남아나 발리에서 쉽게 볼 수 있는 전통 의복의 한 형태인데요. 우리는 한복을 잘 안 입지만, 그곳에서는 지금도 사롱을 치마처럼 허리에 두르고 스카프로 사용해요. 외국인들도 마찬가지예요. 사롱을 바닥에 깔고 그 위에 누워 태닝하거나 서핑하고 난 뒤에 몸을 닦기도 하고요. 한국에서는 조금 생소한 문화죠. 저희는 인도네시아에 서핑 트립을 다니다가 이 문화를 알게 됐고, 마음에 드는 사롱을 발견해 바잉을 시작했어요. 올해로 3년 차인데, 저희가 원단을 생산할 수 있게 되면서 의류나 여러 라인이 나오게 됐어요.

원단을 생산할 수 있게 됐다는 게 어떤 의미인가요?
송리영 술이 달린 사롱은 마감이 된 상태예요. 손으로 올을 푼 다음, 묶어서 마무리한 거죠. 처음에는 사롱 제품만 하다가, 마감하지 않고 원단으로 만들었더니 만들 수 있는 게 많아진 거예요.

패턴 디자인도 직접 하시죠?
송리영 네. 처음에는 막연하게 해보고 싶다는 생각만 있었어요. 사롱을 계속 보다 보니 거기에 제가 원래 하던 패턴 디자인을 접목하고 싶어지더라고요. 보통 저는 생각을 하고, (옆을 가리키며) 행동을 해요. 우리가 직접 디자인하면 좋겠다고 말했더니 추진해줬어요.

당시 발리 현지 분들의 반응이 궁금해요.
홍종수 귀찮아하고 신기해하고(웃음). 저희가 그쪽에서 주로 쓰는 원단과 다른 걸 쓰거든요. 네다섯 배는 비싼 원단이에요. 종류도 다양해요. 처음에는 레이온만 하다가 지금은 코튼과 보일 원단도 나오죠. 다 저희가 테스트해서 선택한 원단이에요.
송리영 아무래도 비용 리스크가 크다 보니까 그분들은 잘 다루지 않는 원단들이죠. 그래서 어려워하실 때도 있어요.

함께 도전하고 계시네요(웃음).
홍종수 몇십 년씩 바틱Batik 사업을 하시는 분들인데, 저희가 다른 원단이나 컬러, 패턴을 해보려는 걸 재미있어하시기도 해요.

이런 패턴과 색깔은 어떻게 만드나요?
송리영 저는 거의 모든 것을 자연에서 영감받아요. 일단 그리고 싶은 걸 핸드드로잉으로 그려요. 드로잉을 보고 발리의 장인분들이 황동 같은 걸 구부려 스탬프로 만들죠. 그렇게 만든 스탬프에 왁스를 묻혀서 패브릭에 찍어요. 왁스가 굳은 부분은 염색이 안 되거든요. 굳은 부분을 제외한 나머지 부분이 염색되고, 그 패브릭을 끓는 물에 삶아 왁스를 지워내요. 그다음 빈 곳을 다시 다른 컬러로 염색하는 거예요.

바틱 염색이라고 하죠? 실크스크린처럼 차례로 색깔을 채울 수 있는 건가요?
송리영 그렇지만 조금 달라요. 한 부분에만 색깔을 채우는 게 아니에요. 염색 효과가 전체적으로 레이어드 되면서 색이 나오거든요.

하나의 패턴을 완성하는 데 스탬프 몇 개가 필요한가요? 한 개로 다 찍진 않을 것 같아요.

홍종수 한 개로 찍습니다(웃음). 그러니까 찍는 데만 해도 많은 시간이 걸려요.

송리영 왁스 한 번 묻히고 두 번 정도 찍고, 왁스 한 번 묻히고 두 번 정도 찍고. 이걸 다 사람이 하는 거예요.

스탬프가 꽤 무거워요. 팔이 좀 아플 거 같은데요.

송리영 맞아요. 무거워서 이것보다 더 크게는 힘들어요. 마음 같아서는 좀 큰 그림도 하고 싶은데, 그러면 한 손으로 들 수가 없거든요.

디자인할 때는 몇 가지 색을 생각하면서 하시나요?

송리영 아무래도 방염이다 보니 한 부분은 막히고 한 부분은 염색이 되는, 2도 염색밖에 안 돼요. 그런데 보시다시피 스모그 같은 텍스처가 생기잖아요. 크게는 두 컬러지만, 그 안에서 그러데이션이나 다른 텍스처를 생각하죠.

색깔은 어떻게 선택하세요?

송리영 컬러별로 염색 공장이 달라요. 그러니까 '바틱맨'이라고 부르는데요. 그분들이 잘할 수 있는 컬러가 다 달라서 기왕이면 거기에 맞춰요. 기계 프린트처럼 이 부분은 무슨 컬러, 이 부분은 무슨 컬러, 이렇게 지정할 수 없잖아요. 서로 겹쳐지고 겹쳐지면서 컬러가 완성되는 거니까, 최대한 그분들과 조율하죠. 거기서 잘하는 컬러와 제가 원하는 컬러를요. 테스트도 오랫동안 하고요. 최종 원단이 만들어지기까지 두세 달은 걸려요.

그동안 선보인 제품은 어떻게 달라졌는지 궁금해요.

송리영 이제 자리를 잡아가는 중인데요. 처음에는 사롱만 했고, 그다음 해에는 사롱과 편하게 입을 수 있는 판초 스타일의 로브, 이렇게 두 가지를 했어요. 그리고 올해 아주 많은 제품을 만들었어요.

지금 사용하시는 핸드폰 케이스도 판매하는 거죠?

송리영 이건 원래 제 것만 만들어서 쓰고 있었는데요. '항의'가 많았어요(웃음). 조금만 만들어서 선보였죠. 예전에는 이런 걸 어렵게만 생각했는데, 저희가 해보고 싶은 게 많더라고요. 저는 패션 회사에서 패턴 디자인을 했고, 그전에는 광고 일을 했어요. 뭔가 한 가지만 하기보다는 다양하게 하는 게 제 스타일 같아요.

아무래도 소재나 스타일이 여름 패션이라는 느낌이 강해서 겨울 시즌은 어떻게 준비하고 계신지 궁금했어요. 옷에 한정하지 않으면 할 수 있는 게 많겠네요.

송리영 그런데 일단 만드는 게 너무 오래 걸려요. 아까 말씀드렸듯이 원단 생산에만 몇 달이 걸리니까요. 겨울에는 거의 발리에 있어요. 염색도 저희가 옆에서 직접 감리를 보지 않으면 다른 방향으로 갈 수 있거든요.

홍종수 저희가 생각하는 옐로랑 그분들이 생각하는 옐로가 다르더라고요.

신기하네요. 문화가 다르기 때문에 색을 받아들이는 것도 다른 걸까요?

송리영 확실히 그런 것도 있는 것 같아요. 그런데 이건 한국에서도 마찬가지예요. 디자이너한테는 수백 가지의 옐로가 있지만, 디자이너가 아닌 담당자들 눈에는 그 모든 옐로가 하나의 옐로가 되잖아요. 염색도 비슷해요.

홍종수 그리고 천을 햇빛에 건조해요. 인도네시아에는 우기가 있잖아요. 습한 시기도 있고요. 조색을 잘해서 잘 염색했는데, 말릴 때 습도에 따라 컬러가 변하는 거예요. 처음에는 같은 컬러가 나올 수 있지만, 그다음에는 같은 조합이라도 100퍼센트 똑같은 컬러가 나오지 않아요. 단점이라면 단점인데, 저희는 그걸 장점이라고 생각해요.

송리영 기계로 찍어내는데 컬러가 다르게 나오면 뭔가 하자처럼 느껴지는데, 이건 사람이 하는 일이잖아요. 매번 조금씩 다르게 나오는 게 재미있기도 하고, 그게 저희의 특성이 돼버린 것 같아요. 스탬프도 사람이 왁스를 묻혀 찍다 보니 어떤 부분은 왁스가 많이 묻고 어떤 부분은 적게 묻고요. 그때마다 라인의 두께가 달라져요. 똑같은 게 하나도 없어요.

'망했다'는 생각이 들 때는 없었나요?

홍종수 많죠(웃음).

송리영 컬러가 많이 섞인 사롱의 경우, 컬러 배합이 매번 다르게 나와요. 그런 제품은 2도 염색을 한 다음, 맨 마지막에 원단을 구겨놓고 그 위에 염료를 흩뿌려 또 염색한 거예요. 그럼 중간중간 저렇게 여러 컬러가 들어가게 되는 거죠.

홍종수 그 분포가 자연스러우면 좋은데, 사람이 하다 보니까 한곳에 진하게 뭉쳐 있는 게 있어요. 그런 건 판매하지 않아요.

패턴이 단순하면서도 매력적이에요. 각각의 패턴을 조금 설명해주세요.

홍종수 발리의 상징적인 꽃 프랑지파니가 그려진 패턴이 있고, 파인애플은

하와이에 갔을 때 본 거예요. 선인장은 송리영 대표가 예전부터 키우고 좋아하던 선인장들이고요. 그리고 파도치는 패턴은, 진짜 딱 이 모습인데요. 예전에 포항으로 서핑 트립을 갔을 때 캠핑하면서 본 밤바다예요. 발광하는 플랑크톤이죠. 정말 이 원단의 빛으로 파도가 쳤어요. 그때 보고 다신 보지 못했는데, 그게 여기에 남아 있어요.

패턴에 담긴 이야기들이 재미있네요.
송리영 회사에서 패턴 디자인을 할 때는 되려 더 멋있고 세련된 패턴을 디자인했어요. 그런데 조금 유치할 수 있겠지만, 저희 걸 만들 땐 단순하게 하고 있어요. 내가 좋아하는 것, 정말 내 눈에 예뻐 보이는 걸 만들어요. 그렇게 작업하고 있는데, 생각보다 반응이 좋아서 좋아요.

대표님은 어떤 패턴을 제일 좋아하시나요?
송리영 저는 지금 제가 입고 있는 걸 좋아해요. 발리에 방치된 정원이 많아요. 뭔가 어수선하고 거칠어 보이는데, 그 느낌이 너무 좋았어요. 그런 오래된 정원을 그린 거예요. 발리에서 좋아하던 정원들이요.
홍종수 패턴 이름도 '빈티지 가든'이에요.

홈페이지를 보니 제주에서만 파는 제품도 있더라고요.
송리영 여기 쇼룸에도 하나 있어요. 물론 판매하는 건 아니지만요.
홍종수 기획을 한번 해본 거예요. 제주에서만 구매할 수 있는 제주 에디션이 있으면 어떨까? 나중에는 발리나 캘리포니아, 하와이 에디션이 될 수도 있겠죠? 이태원에 오고 나서도 비슷한 생각을 했어요. 여기에 외국 분들이

많이 찾아오세요. 그러니까 사롱에 한국의 문화적인 것들을 접목하면 그들에게도 좋은 기념품이 되지 않을까 싶어요.

색깔도 제주도에서 영감을 받은 건가요?

송리영 네. 컬러가 몇 가지 있는데, 하나는 돌하르방 색이고, 하나는 유채꽃의 옐로, 그리고 제주 바다 하늘색이 있어요.

사롱이 전통 의상이잖아요. 패턴이나 제품을 만들 때 트렌드에 영향을 받는지 궁금해요.

송리영 처음에 가장 걱정하던 부분이고, 상처도 많이 받은 부분이 그거예요. 아무래도 전통적인 것은 '촌스럽다'라는 게 요즘 사람들의 인식이잖아요. 초

기에는 촌스러워서 부담스럽다고 하시는 분들이 훨씬 많았어요. 몇 해가 지나고 이제야 우리가 의류 브랜드나 트렌디한 어떤 브랜드가 아니라, 그냥 염색 패브릭을 하고 있는 특이한 브랜드라고 받아들여지는 것 같아요. 요즘은 여행 가는 분들이 캐리어 끌고 공항 가는 길에 들렀다 가시기도 해요. 계절이나 트렌드에 상관없이 따뜻한 나라로 여행 가는 분들이 많이 찾아오시죠.

지난 6월 강릉에서 이태원으로 쇼룸을 옮겼어요. 여기가 쇼룸 겸 카페인데, 이렇게 공간을 구성한 이유가 있을까요?

홍종수 이곳은 저희가 좋아하는 걸 하는 데예요. 커피도 좋아하거든요.

송리영 음료가 있으면 구경하러 오시는 분들이 이곳에 조금 더 오래 머무를 수 있잖아요. 그리고 커피를 시키면 저희가 사롱을 빌려드려요. 사롱을 판

매하기도 하지만 사롱 문화를 알리고 싶은 마음도 크거든요. 지금은 너무 추워졌는데, 루프탑에 올라가서 사롱을 깔고 앉아 커피를 마실 수 있어요.

루프탑에서 요가 클래스도 하셨죠?

홍종수 요가도 하고 훌라 클래스도 했죠. 요가 클래스를 할 때는 요가 매트로, 훌라 클래스를 할 때는 랩스커트로 사롱을 사용했어요. 사롱을 활용하는 방법을 다양한 콘텐츠로 녹여서 보여주는 거예요.

송리영 사롱이 정말 편해요. 사롱을 아는 사람들이나 서퍼들은 가방에 하나씩 꼭 가지고 다녀요.

멧앤멜의 제품을 발리에서도 판매하나요?

홍종수 발리의 편집숍에서 판매하고 있고, 저희가 발리에 숍을 준비하고 있기도 해요. 처음 그런 사심도 있긴 했어요. 서핑을 하다 보니까, 발리에서 제작하면 출장을 발리로 오지 않을까(웃음).

송리영 홍종수 대표는 발리에 본사를 두는 게 꿈이에요(웃음).

현지 반응이 좋은가 봐요.

홍종수 아무래도 그들이 하지 않던 패턴과 원단을 하니까요. 그리고 발리에 외국인이 많아요. 바이어를 만날 기회도 더 많을 거고요. 어쨌든 발리에 있어야 저희가 좀더 행복해요.

두 분이 지금까지 오는 데 서핑이 아주 중요한 역할을 한 것 같아요.

송리영 그걸로 모든 게 시작됐죠.

홍종수 서핑으로 만나서 결혼도 했으니까요.

서핑에 어떤 매력이 있나요?

홍종수 저희는 언제나 육지에서 바다를 보잖아요. 서핑을 하면 반대로 바다에서 육지를 볼 수 있어요. 저는 스키도 타고 스노보드도 타다가 마지막에 서핑을 하게 됐는데요. 어려워요. 어렵지만 그만큼 매력적이에요. 처음에 파도를 딱 타면 근두운(손오공이 타고 다니는 구름)이 밀어주는 것 같아요. 그리고 바다에 들어가 있으면 일이라든지, 다른 생각을 안 하게 돼요. 살기 바빠서(웃음). 자연에서 주는 에너지를 많이 받기도 하고요.

두 분 삶의 가장 중요한 가치가 뭔지 궁금해요. 두 분 다 회사를 그만두고 새로운 일을 시작한 거잖아요.

송리영 그냥 행복한 거요(웃음).

홍종수 둘이 행복한 거요. 이태원 외진 곳으로 쇼룸을 옮긴 이유가 이 루프탑 때문이에요. 루프탑에서 해가 지는 걸 바라보는 게 너무 좋아요. 4월부터 쇼룸 오픈과 신제품 오픈 때문에 계속 밤을 새웠는데요. 그때마다 루프탑에 올라가서 우리 잘하고 있다, 열심히 하고 있다, 이렇게 서로 다독였어요. 저는 우리가 행복해야 행복한 제품이 나온다고 생각해요. 여기 있는 패턴의 대부분도 여행의 경험과 우리가 행복하던 기억이 표현된 거잖아요.

발리에 가면 여유로운 생활이 가능할 것 같아요. 출장으로 간다고 하셨는데, 괜히 부럽네요.

송리영 사실 가면 정신없어요. 둘 다 온몸이 땀에 젖도록 왔다 갔다 해요.

홍종수 그래도 저는 아침에 서핑만 하면 모든 게 다 괜찮아요. 그리고 함께

오토바이를 타고 해가 지는 걸 보며 행복하다, 그러죠. 저는 예전에 온라인 게임 기획자였어요. 시스템적인 사람이라서 행복하다, 사랑한다, 그런 걸 잘 못했죠. 그런데 나오더라고요.

송리영 부산 사람인데(웃음).

홍종수 그런 말을 할 줄 아는 사람이 된 거죠. 그렇지만 서울에 있을 때는 마음에서 나오는 말들이 좀 줄어요. 3월쯤 한국 들어와서 일을 하다가 10월이 되면 한계치가 되죠.

이제 곧 발리로 떠나시겠네요.

홍종수 네. 11월에 떠나요. 내년에는 조금 더 우리가 해보고 싶은 다양한 것들을 시도하려고 기획해놓은 상태예요. 저기 파자마도 제가 입고 싶어서 만들었거든요.

앞으로 두 분의 목표는 뭔가요?

홍종수 한국에서의 목표는 사롱 문화를 알리는 거예요. '래시가드'도 제가 서핑을 한창 하던 6년 전에는 이베이에서만 구할 수 있었어요. 요즘에는 어디서든 래시가드를 살 수 있잖아요. 사롱은 저희가 너무 잘 사용하고 또 좋아하는 거예요. 어디서든 여행하는 기분을 느낄 수 있게 해주기도 하고요. 많은 분이 사롱을 사용할 수 있게 더 알려졌으면 좋겠어요.

송리영 저는 일단 저희가 행복하게 살 수 있었으면 좋겠어요. 뭐라고 해야 할까요. 이걸 장사로, 너무 아등바등 살고 싶지 않아요. 물론 누군들 그렇게 살고 싶어서 살겠냐마는(웃음), 그래도 저희 선에서 최대한 행복하게, 너무 크게 욕심부리지 않고 그렇게 살고 싶어요. 그리고 이건 되게 부끄러운 꿈인데, 나중에 저희가 죽고 나서도 이어지는 브랜드가 됐으면 좋겠어요. 마음이 맞는 사람들이 계속 생겨서 누군가 이어받고 이어받아, 조금 오래 지속됐으면 좋겠다고 늘 생각해요.

멧앤멜에서 추천하는
네 개의 물건

01 파자마 | Sunset, Sand
반짝이는 잎, 오렌지색으로 물든 나무, 저녁놀이 닿은 자연을 물빛으로 담은 선셋 패턴의 파자마다. 모래사장 같은 베이지색이 매력적이다. 시원하고 부드러운 레이온 소재로 만들어졌다.

02 맥시 로브 | Vintage Garden, Green
발목까지 길게 떨어지는 드롭 숄더 맥시 로브. 이름 모를 꽃과 넝쿨이 가득하던 오래된 정원에서 영감을 받아 만들어졌다. 가볍고 하늘거리는 소재에 통기성이 좋다. 휴가지 해변에서 잘 어울린다.

03 에코백 | Wave, Pastel Blue & Sunset, Gray
레이온 소재로 만들어져 티셔츠보다 가볍다. 파랗게 빛나던 밤바다의 플랑크톤(웨이브 패턴)과 노을에 비친 자연을 담은(선셋 패턴) 패턴으로 제작됐다. 몇 가지 소품을 넣고 가볍게 소풍을 떠나면 좋겠다.

04 사롱 | Dahlia, Sugar Coral
사롱은 다용도 패브릭이다. 원피스, 스카프는 물론 먼지나 모래가 잘 붙지 않아 피크닉 매트, 비치타월 등으로 활용할 수 있다. 핑크와 블루가 조화로운 이 사롱은 여름 꽃 달리아를 그려 넣은 것이다.

멧앤멜 Matt and Mel
A. 서울시 용산구 우사단로4길 36
H. mattandmel.co.kr
T. 070 7677 6921

이토록 특별한

캐롯

색을 부리는 사람이 있다. 감정의 색깔을 맞추고, 등장인물
의 색깔을 완성해나가는. 아무것도 밝히지 않는 이와 비밀
스러운 이야기를 나누었다. 이토록 보통의, 이토록 특별한.

에디터 **이자연** 포토그래퍼 **박은진** 장소 협조 **로우어 가든**

이토록 보통의
캐롯 | 문학테라피

다음 웹툰에서 연재되는 옴니버스 단편 만화. 결코 평범하지 않고 보편적이지 않은 연인들의 이야기가 펼쳐진다. 사랑하는 연인의 전 애인이 에이즈에 걸렸다는 고백, 허언증을 가진 여자의 진실되고 거짓된 사랑, 연애 감정을 느낄수 없는 에이로맨틱 남자와의 만남 등 쉽게 정의 내리기 힘든 관계가 우리에게 질문을 건넨다. 이야기를 읽다보면어느 순간 얼기설기 복잡한 연애 감정은 무너진 마음의 둑을 비집고 들어온다. 사랑이란 게 원래 그렇지만.

"평범하고 편안해 보이는 연애도 그 안에 엄청난 드라마가 담겨 있잖아요.
각자 상처가 있고, 평범하게 잘 살아가는 사람들도 그들만의 트라우마가 있어요.
그래서 반대로도 생각해 봤어요. 겉으로 특수하고 드라마틱해 보이는 연애도
결국 보편적이고 보통인 사랑의 형태일 거라고요."

캐롯 작가님은 나이, 성별 등 아무것도 공개하지 않고 있어요. 이렇게 미스터리한 인터뷰는 처음이에요.
제가 그린 만화를 처음으로 사람들 앞에 내보인 곳이 디시인사이드였어요. 연애나 일상 속 감정에 관한 《삶은 토마토》를 그렸죠. 그런데 게시물에 제 성별이 드러나면 성별 프레임 안에서 댓글이 달리는 것 같더라고요. 여자인 것 같으면 여자이기 때문에, 남자인 것 같으면 남자이기 때문에 만화를 이렇게 그리는 거라는 평가가 많았어요. 그런데 정체를 밝히지 않으니 성별과는 상관없이 만화 자체에 대한 이야기만 나누게 되더라고요. 그게 좋았어요. 물론 이야기 안에 제 개인적인 일화가 담길 수는 있겠지만, 독자들이 만화를 볼 때 저라는 인물 때문에 흐름을 이해하는 데 방해되지 않으면 좋겠더라고요. 무향, 무취, 무색의 캐릭터를 더욱 내세우고 있죠. 그렇기 때문에 벌어지는 재미있는 일들도 있어요.

어떤 일이요?
제 성별이 불확실하니까, 동성한테서 러브레터가 온다든지(웃음).

앞으로도 작가님의 정체를 밝힐 계획은 없는 건가요?
운명적인 일이 아니라면, 최대한 미루고 싶어요. 독자들이 제 모습을 상상하는 건 사실 괜찮아요. 왜냐하면 그분들이 원하는 모습으로 저를 상상할 테니까요. 그 정도는 제 만화 감상에 해가 안 된다고 생각하지만, 제가 직접 모습을 드러내는 건 조금 다른 얘기 같아요. 실망할 수도 있고요. 그래서 피하고 있어요. 그게 가장 큰 이유예요.

《이토록 보통의》는 단편 옴니버스 작품이에요. 에피소드마다 이야기가 신선하고 독특해서 많은 사람의 관심을 받고 있어요. 이런 아이디어는 어디서 얻는 편인가요?
제가 산책을 무척 좋아해요. 산책할 때 잡생각을 많이 하거든요. 그때 질문이 막 떠올라요. 주로 하루 종일 혼자 있는 편이어서 자기와의 대화를 할 시간이 많기도 하죠. '뭐 먹지?'부터 시작해서 여러 가지 인간관계에 대한 생각도 해요. '그때 그 사람은 내게 왜 그랬을까?', '걔는 지금 뭐 하고 있을까?' 하는 것들이요. 가끔은 내가 지금 만나고 있는 친구와 미래에는 자

주 만나지 않게 될 수도 있겠다, 하는 상상 섞인 생각도 해요. 《이토록 보통의》의 첫 번째 에피소드인 〈무슨 말을 해도〉는 사랑하는 연인이 자신의 전 남자친구가 에이즈라는 사실을 고백하면서 시작되죠. 이 이야기는 어느 날 너무 예쁜 커플을 보다가 떠올랐어요. 사랑에 빠졌을 때 상대방이 너무 예뻐 보이잖아요. 예쁜 걸 선호하는 건 사람의 본능이니까 아름다울 때 보듬어주는 건 사랑이라고 부를 수 있겠지만, 만약 이게 오염이 된다면? 그리고 그게 나 또한 오염시킬 가능성이 있다면? 그때도 사랑을 견고하게 이어갈 수 있을까, 하는 상상을 했어요. 그런 식으로 스토리를 이어나가는 편이에요.

죽은 연인의 복제인간과 사랑에 빠지고, 허언증에 걸린 여자애와 연애를 하고, 사랑을 느낄 수 없는 남자를 고통스럽게 사랑하는 등 《이토록 보통의》에 등장하는 연애는 결코 보통이 아닌 것 같아요.
사실 평범하고 편안해 보이는 연애도 그 안에 엄청난 드라마가 담겨 있잖아요. 각자 상처가 있고, 평범하게 잘 살아가는 사람들도 그들만의 트라우마가 있어요. 그래서 반대로도 생각해 본 거죠. 겉으로 특수하고 드라마틱해 보이는 연애도 결국 보편적이고 보통인 사랑의 형태일 거라고요. 어떤 상황에서 영웅적인 일을 하는 건 작품으로 다룰 게 많을 거예요. 하지만 현실에서는 영웅적인 일을 해야만 하는 상황에서 도망가는 사람들도 많아요. 그냥 보통의 일이죠. 그런 것들에 주목하고 싶었어요.

이런 상상을 하기가 쉽지 않을 것 같아요.
매번 다르지만, 〈티타 이야기〉를 먼저 보자면, 어느 해 크리스마스 날 허언증이 있던 친구가 문득 떠올랐어요. 그 애는 잘 살고 있는지 궁금했죠. 그런데 홍대에서 그 친구를 마주쳤어요. 진한 보라색 머리를 하고 눈에 띄는 모습으로 "캐롯아, 잘 지냈어?" 하면서 어떤 차에 타더라고요. 그 모습이 아주 인상적이었고, 그 친구가 어떻게 지내는지 궁금했어요. 그날을 같이 보냈더라면 그 친구의 내면을 더 들여다볼 수 있을 것만 같은 거예요. 과거에 기댈 수 있기도 할 거고요. 질문에서 시작하는 거죠. 또 어떨 땐 타인의 행동을 구경하면서 생각하기도 해요. 재미있어요.

문득 작가님의 청소년기가 궁금해졌어요.

엉망진창이었죠(웃음). 고등학교 3학년 땐 학교를 잘 못 나갔어요. 건강이 좋지 않았거든요. 중고등학교 때는 엄청 조용하게 만화책만 읽고 혼자 지내는 걸 좋아하는 학생이었어요. 그게 편했거든요. 그러면서도 건강 때문에 어쩔 수 없이 학교를 못 나가서 혼자가 되면 나 자신을 비운의 주인공으로 만들어나갔죠. 우울한 감정이 그때부터 조금씩 생긴 것 같아요. 그리고 대학교에 들어가서는 술과 향락에 빠져 20대 초중반을 보냈어요. 지저분한 연애도 많이 하고 엉망진창으로 살았죠. 그래서 저는 나이 드는 게 좋더라고요. 과거보다 지금이 더 나으니까요.

디시인사이드에서 웹툰 작가로 출발하는 사람들이 꽤 있는 편이에요. 요즘엔 웹툰 작가가 되는 게 쉽지 않다고 하더라고요.

베스트 웹툰에 도전하는 경우는 허들이 조금 높아요. 주목받기도 힘든 편이고요. 커뮤니티는 일단 아무런 경계가 없고, 무엇보다 그 안에서 사람들 사이의 친목 활동이 금지다 보니 개인의 익명성을 완전히 보장받을 수 있었어요. 제가 갑자기 사라져도 흔적이 남지 않는 느낌이었죠. 제가 원래는 회사를 다니고 있었어요. 처음부터 웹툰 작가가 되려고 한 건 아니고요, 다만 우울해서 취미로 그림을 그리기 시작했죠. 당시 회사에는 야근이 워낙 많으니까 '닭장'이라고 불리던 숙소가 있었어요. 그런데 같은 방에 다른 사람이 있으니까 마음대로 불을 켤 수가 없잖아요. 그때 달빛 받으면서 그린 게 《삶은 토마토》였어요. 해방구 같은 느낌이었죠. 어떻게 하다 보니 지금은 직업이 되었네요.

《삶은 토마토》부터 《이토록 보통의》까지 취미로 그린 것들이 모두 정식 웹툰으로 발행되고 있어요.

일할 때 만화를 그리는 게 유일한 취미였는데, 《삶은 토마토》를 정식 연재하게 되면서 갑자기 일이 되어버리니까 달라지더라고요. 그래서 다시 또 다른 취미로 《이토록 보통의》의 첫 번째 에피소드를 그리기 시작했어요. 《삶은 토마토》 마감 끝내고 지쳐 있으면 《이토록 보통의》를 그린 거죠. 초

반 분량도 아주 짧아요. 웹툰 연재용으로 그린 게 아니었거든요. 나중에 다음 웹툰에서 《이토록 보통의》가 정식 연재된다는 소식을 듣고 알바 하다가 너무 기뻐서 소리를 질렀어요. 사람들한테 아이스크림도 막 쏘고. 제 인생이 많이 바뀌었죠.

얼마 전에 웹툰 작가들의 근로 환경이 대두되기도 했었죠.

솔직히 말하면 제가 계약서를 잘 안 읽거든요. 심지어 담당자님이 계약서를 읽어주셨는데도 졸았어요(웃음). 그래서 지각비에 관한 부당 대우를 인지하지 못했어요. 그냥 원래 이 일이 그런가 보다, 생각한 거죠. 눈치가 없었어요. 거기서 자기 권리를 주장하신 분들은 정말 똑똑하신 분들이에요. 그 분들을 생각하면 마음의 빚이 있어요. 똑똑하고 적극적인 분들이 바꾼 거잖아요. 저는 그 부분의 수혜자인 거고요. 나중에 지각비를 돌려받았어요. 지각비를 떼인 줄도 몰랐거든요.

지각 많이 하셨나 봐요.

그런가 봐요(웃음). 저는 다들 원래 지각비 내나 보다 생각하면서 살았던 거죠. 저의 무지함과 무감을 깨달은 사건이기도 해요. 제가 조금 비겁했던 것 같아요. 저도 그 한가운데 있던 사람이었는데도 그냥 지나간 거잖아요.

이번엔 만화 안으로 들어가볼게요. 〈티타 이야기〉는 사람들이 많이 동요한 에피소드예요.

작가는 두 가지 업무 스타일이 있다고 생각해요. 먼저 철저하게 사전 설정을 해놓는 작가가 있어요. 만화에 직접 나오지 않더라도 등장인물의 배경이나 습관까지 설정해놓는 경우가 있더라고요. 또 무라카미 하루키처럼 첫 문장을 쓰고 나서 그들이 행동해나가는 걸 쓰는 경우가 있대요. 저는 에피소드를 한 번에 다 써둔 상태에서 작업을 들어가요. 그래서 스토리가 댓글이나 대중의 반응에 영향을 안 받는 편이에요. 이미 써둔 게 있어서 중간에 수정할 수가 없는 거죠. 등장인물에게 맡기는 편이긴 해요. 대화도 자연스럽게 쓰고요. 등장인물이 저는 아니지만 말투는 제 말투와 비슷할 수는

어쨌든 잘 지내요. 여러분.
같이 화내주고, 슬퍼해줘서
고마웠습니다.

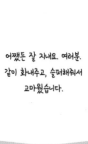

여러분도 행복하시기를 바래요.

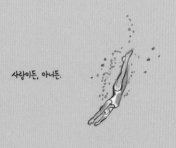

사랑이든, 아니든.

많은 의미 있는 것들 속에서.

모쪼록 따뜻하게...

소재를 선택했냐는 반응은 조금 속상하더라고요. 실제로 불륜으로 상처받은 사람들의 이야기를 읽으면서, 하나의 소재를 다루기 위해서 더 많이 고민하고 신중해야겠다는 다짐을 했어요. 앞으로도 소재를 제한할 생각은 없어요. 하지만 아주 신중하게 고민할 거예요. 시즌3에서는 더 자극적인 소재가 나올 수 있거든요.

댓글의 갑론을박이 엄청 다양했어요.

저도 조금 속상하던 부분이 저는 그 주인공과 같은 사람이 아니고, 저는 그렇게 생각하지 않아도 주인공은 그렇게 생각할 수 있거든요. 주인공이 수긍하는 걸 제가 인정하는 게 아니에요. 그런데 가끔 그 부분을 혼동하시는 분들이 있어요. 그래서 이런 생각을 하는 작가의 작품은 도저히 못 보겠다고 결론을 내리는데, 끝까지 보면 조금 더 크게 볼 수 있어요. 미화의 의도로 이야기를 하는 게 아니라 그 주인공이 얼마나 바보 같은 선택을 하는지 보여주려고 그린 거거든요. 그런데 아무래도 1인칭 화자의 시점이다 보니까 오해를 많이 하시는 것 같아요. 작가 생활을 얼마 안 했지만 그런 생각을 할 기회가 생긴 건 좋은 것 같아요. 웹툰이라는 게 작가에게 엄청 유리한 장치 같더라고요. 비난이든 칭찬이든 독자들에게 바로 피드백 받을 수 있으니까요. 그리고 독자들이 제가 생각지 못한 부분을 캐치해낼 때가 있어요.

그럴 때에 기분 좋죠?

너무 좋아요. 종종 미리보기 분량에서 독자들이 오타나 제가 인명을 혼동한 경우를 짚어낼 때가 있거든요. 심지어 결정적인 장면인 적도 있었어요. 그럴 땐 웹툰은 독자들과 함께 만드는 거구나, 싶어요. 그리고 독자들이 이렇게 생각한다고 의견을 남기면, 다양한 방면으로 대화를 나누는 느낌이 들어요. 그 과정에서 새로운 소재를 발견하기도 하고, 새로운 이야기를 준비할 때 많은 자양분이 되어주죠. 제가 성장해나갈 수 있는 형태 같아요.

계속해서 평가를 받는다는 게 두렵지 않으세요?

어려운 일인 건 맞아요. 처음 만화를 시작했을 때 일주일에 두 번씩 평가받는 느낌이 들었어요. 저도 회사 생활을 했잖아요. 서류를 내고 프레젠테이션을 하기 전에 상사한테 보여주는 게 불편하고 힘들었거든요. 그런데 일주일에 두 번씩 아주 많은 사람들 앞에서 '지난 한 주 동안 제가 이걸 했습니다.' 하고 보여주고 평가받는 느낌이었어요. 초반에는 비판 댓글을 보면서 마음이 조금 힘들었어요. 하지만 지금 생각해보면 큰 맥락에서 그것 또한 하나의 대화인 거예요. 친구만 해도 욕해주는 친구가 있는 것처럼 우리가 대화를 하는 과정이라고 생각하면서 마음이 편안해져요.

그리고 보면 등장인물들의 이름이 이니셜인 경우가 많아요.

옴니버스 웹툰으로 《삶은 토마토》를 시작했을 때 주인공 이름으로 너무 고생했거든요. 이름을 대폭 줄이고 싶었어요. 독자들이 감정이입할 수 있는 대상에만 이름을 주고, 주변 인물이나 관찰자에게는 이니셜을 줬어요. 나중에는 뒤죽박죽됐지만요.

캐롯 작가님 만화의 특징 중 하나는 색연필 색칠 방식이라는 생각도 들어요. 독특하고 아름다워요

제가 이런 질문을 받을 때 꼭 하는 말이 있어요. 못 배워서 그렇다고(웃음). 제가 콘티도 안 만드는 작가거든요. 감각과 기분에 의존해서 작업해요. 약

있을 거예요. 티타의 경우, 소녀들의 연애는 소년들의 연애보다 조금 더 로맨틱하다고 생각했어요. 감정 중심적인 부분이 있으니까요. 그런 것들이 공감을 얻을 만한 요소가 되었던 것 같아요. 소녀들이 성장하면서 느낄 법한 감정을 많이 그렸으니까요. 저 또한 그림을 그리면서 독자들의 이야기로 위로를 많이 받았어요. 저의 트라우마를 쓴 게 아니더라도, 어떤 결핍이 채워지는 부분들이 있거든요.

실제로 웹툰을 보는 독자들도 댓글의 도움을 얻는 경우가 많아요. 지금 연재하고 있는 〈불륜 만화〉는 반응이 뜨거웠죠.

처음 시작할 때 스토리를 다 써놓기 때문에 댓글이나 독자의 반응에 스토리가 영향을 받지는 않지만, 속상할 때가 있죠. 이번에 댓글을 보면서 많은 생각이 들었어요. 반성도 하고, 또 솔직히 변명하고 싶은 부분도 있고요. 어떤 소재의 금기에 대해 생각을 많이 하게 됐거든요. '사람들에겐 다 트라우마가 있고 그 무게가 각각 다른데, 내가 어떤 소재를 금기할 수 있나? 각자 자기의 트라우마가 가장 크데.' 하면서요. 그래서 어떤 소재도 금지하면 안 된다고 판단하게 됐죠. 그렇다면 살인도 다루면 안 되니까요. 왜 이런

간 놀이하는 기분으로 재료를 선택하는데요, 그 재료를 어떻게 쓰는지 모르기 때문이기도 해요. 마커를 쓸 때도 마커를 어떻게 쓰는지 몰라서 처음에는 물도 묻혀서 써보기도 하면서, 사용법이 조금 더 자유로웠던 것 같아요. 색깔도 막무가내로 기분에 따라서 쓰거든요. 재미있게 그리고 있어요. 실제로 제 능력 밖이기도 해서….

《이토록 보통의》의 두 번째 에피소드인 〈어느 밤 그녀가 우주에서〉가 영화로 제작된다고 들었어요. 죽은 연인의 복제 로봇이 나보다 나의 복제 로봇을 더 사랑하는 이야기였죠.
저는 원작자로만 있고 영화 제작은 앞으로 진행될 예정이에요. 사실 원작자가 개입하는 경우도 많다고 해요. 미리 영화 시놉시스와 진행 개요를 보여주는데 저는 잘 안 읽는 편이에요. 제가 할 수 있는 영역을 정해놨거든요. 그건 다른 분의 예술이라고 생각해요. 침범하고 싶지 않고 그분의 예술을 존중하고 싶거든요. 개입할 수 있는 능력도 안 되고요(웃음).

영화 제작이라니. 3년 전의 캐롯은 오늘의 캐롯을 상상할 수 있었을까요?
놀라운 날들의 연속이죠. 어느 날 뮤지컬 제작 관련해서 미팅을 하는데 저보다 훨씬 훌륭한 분들이 저에게 말도 안 되는 대우를 해주시는 거예요. 저를 작가님이라고 불러주시고, 존중해주시고. 그러니까 사람이 이상해지는 것 같더라고요. 제가 아무것도 아닌데 거만해질 수도 있겠다는 생각이 들었어요. 다시 침착해지는 데 일주일이 걸렸죠. 안 그러면 제가 착각하게 될 것 같더라고요. '착각하지 말자, 착각하지 말자', 자꾸 마인드 컨트롤을 했어요. 수익적인 부분도 형편이 나아지면서 제가 이상한 사람이 되어가는 게 느껴졌어요. 작은 것으로도 만족하는 제 모습이 좋았는데 점점 제 모습이 사라지려고 하는 거예요. 그래서 초반에 스스로 다잡으려고, 내가 대단한 사람이 아니라고 생각하면서 노력했어요. 우스운 사람이 되는 거 정말 웃기잖아요.

보통 작업물의 영감은 어떻게 받는 편이에요?
관찰하는 걸 좋아해요. 한 사람이 어떤 이야기를 했을 때 왜 그 사람이 그 이야기를 하게 됐는지 마음속으로 파고들어가서 생각해요. 평소에 어떤 생각을 하는 사람인지 보기도 하고요. 저한테 "파란색 스웨터 입었네? 파란색 스웨터 잘 어울린다."라고 말한다고 가정하면, 왜 파란색 스웨터가 먼저 눈에 들어왔을까, 왜 그런 말을 했을까, 이곳에 오기 전에 무슨 일이 있었을까, 그런 생각을 하게 되는 거예요. 상상을 하는 거죠. 그러면서 스토리도 나오고요. 관찰과 상상이 중요하죠.

좋아하는 일을 하고 있어요. 어때요?
행복하지만 사실 이게 엄청 중노동이거든요. 저 혼자 모든 걸 다 처리해야 하니까요. 자세도 많이 비뚤어지고 골반도 틀어지고 팔꿈치에 습진도 생겼어요. 또 저는 마우스도 많이 써서 손목도 약해졌죠. 실제로 작가들이 암도 많이 걸린대요. 잘 안 움직이고, 컴퓨터 앞에서 세 끼 다 먹으니까요. 그런데 실제로 세 끼를 전부 컴퓨터 앞에서 먹거든요. 그래서 규칙적인 생활이 정말 중요한 것 같아요. 일찍 일어나고 규칙적으로 자고 운동하는 생활이요. 그게 저를 지켜주고 있다고 생각해요. 그게 망가지면 정말 힘들거든요.

만화를 보는 내내, 등장인물들의 입말이 아주 유려하다고 생각했어요. 책을 많이 읽는 편인가요?

책을 많이 보는 건 아닌데 좋아해요. 아침에 일어나서 읽고, 자기 전에 읽어요. 책과 친해요. 그보다 사실 제가 사람을 정말 좋아해요. 쉽게 믿고 쉽게 마음을 주는 편이죠. 너무 사랑해요. 이해를 못 할 사람이 없다고 믿어요. '나 강아지 좋아해.', '나 고양이 좋아해.'처럼 저는 사람을 좋아해요. 제 자존감 문제와도 연관이 있을 것 같네요. 원래 저는 자존감이 무척 낮은 사람이었어요. 지금은 충분히 타협하는 부분이 생겼고 나만큼 나를 사랑하는 사람도 없다는 걸 알지만, 옛날에는 자존감이 무척 낮아서 그냥 지나가는 사람들이 다 멋있어 보이고, 제 옆으로 여자 한 명이 지나치면 그 사람을 저랑 바꾸고 싶었어요. 그래서 연인을 많이 괴롭히기도 했죠. 저는 항상 감정적으로 엉망이었거든요. 제가 3개월 정도 유럽 여행을 혼자 간 적이 있어요. 타지에서 여러 유형의 사람을 만나잖아요. 그때 '사람이란 별 같은 거구나. 개개인이 너무 멋있다.'라고 생각했어요. 그래서 저는 사람을 무척 좋아해요.

기질적으로요?
음, 그런데 아이러니하게도 혼자 있는 걸 좋아하는 편이에요. 꽃 보는 거 좋아하는 것처럼 사람들이 하나하나 예뻐서, 사람들 보는 걸 좋아해요.

이름이 '당근'이 된 이유도 궁금해요.

아무 의미 없습니다(웃음). 제가 빵과 과자를 정말 좋아하는데 디시인사이드에서 만화를 연재할 때 한창 당근 케이크에 꽂혀 있었거든요. 조금 후회해요. 이게 저의 영원한 이름이 될 줄 몰랐거든요. 조금 더 멋있게 지었어야 했는데. 인터넷 포털 사이트에 '캐롯' 치면 저보다 립스틱 캐롯색, 캐롯 케이크가 먼저 나와요. 검색하면 나만 나오게 했어야 했는데!

사실 웹툰에서 19금 표시를 다는 게 어려움이 있다고 들었어요.

다음 웹툰에서는 19금을 안 달기를 바랐어요. 수위를 자체적으로 낮춰서 전체연령으로 맞추라고 하셨죠. 19금 달면 로그인을 해야 볼 수 있어서 독자 수가 현저히 낮아지거든요. 그리고 다른 콘텐츠 채널과 연동해서 보여줄 수도 없고요. 제 만화가 야해서 19금은 아니긴 한데, 신체의 부위를 가리는 방식으로 하면 수위를 낮출 수는 있었어요. 하지만 그러고 싶지 않고, 무엇보다 연애 이야기에서 남녀가 옷을 벗고 있는 장면을 빼놓을 수 없다고 생각했어요. 침대에서 옷을 갖춰 입은 모습보다는 조금 더 풀어진 모습이 그런 느낌을 더 잘 살릴 수 있잖아요.

그런 제약이 있는데도 많은 사랑을 받고 있어요.

그래서 너무 감사해요. 제가 독자들 덕분에 그린다는 말을 많이 하는데요, 정말 진심이에요. 그림을 봐주는 사람들이 없으면 그림을 그릴 수 없거든요. 그리고 만화를 시작하면서 제 삶이 정말 많이 바뀌었기 때문에 감사한 마음을 갖고 계속해서 그리고 있어요. 카프카도 사실 서랍장에 있던, 친구에게 불살라 달라고 부탁했던 원고를 친구가 세상에 선보여서 카프카가 나올 수 있었잖아요. 어쨌건 카프카의 입장에서는 숨기고 싶었던 것이 드러나게 되어서 생각해볼 일이긴 하지만, 아무리 훌륭한 글이어도 사람들 앞으로 나오지 않으면 좋은 글의 역할을 다하고 있는가 생각하게 되거든요. 그래서 제가 비판을 받더라도 모든 게 감사한 일이라고 생각하고 있어요.

앞으로는 어떤 나날을 보내고 싶은가요?

오래 이야기할 수 있는 사람이 되고 싶어요. 그리고 요즘 친구들 만나면 나이 얘기를 많이 해요. 두려워하고 있죠. 그런데 저는 나이 먹는 게 기대되거든요. 그래서 더욱 응원해주고 싶어요. 나이 먹으면서 더 성장하고 더 많은 이야기를 할 수 있는 작가가 되고 싶어요. 그리고 나중에 독자들 앞에 서더라도 그분들을 너무 실망시키지 않는 사람이 되고 싶어요. 노력이 많이 필요하겠죠.

로우어 가든

A. 서울 서초구 사평대로57길 28 1층
T. 010 7941 7919
O. 11:00~22:00, 월요일 휴무

진실로 서러움은 진실로 아름다움으로

화가 윤형근

1973년 만 45세부터 2007년 세상을 뜨기 전까지, 화가 윤형근은 엄버
Umber와 블루Blue를 큰 붓에 흠뻑 적셔 하얀 면포에 내려그었다. 윤형근의
그림을 제대로 마주하기 위해서는 그가 지나온 길을 살펴볼 필요가 있다.

에디터 김혜원 자료 제공 **국립현대미술관**

777COLOR '74·10

1974년 10월, 서교동 화실에서 김환기와 자신의 작품 사이에 서 있는 윤형근의 모습.

고난의 길과 예술의 길

"나는 그 좋아야 했던 20대 청춘을 악몽 속에서 지냈다. 그래서 다사롭고 고운 색채가 잠깐 사이에 사라지고 어둡고 살기운 빛깔로 되어 버렸는지도 모르겠다. (중략) 예술의 길은 고난의 길이란 것을 모르나. 그래서 예술은 아름다운 것이 아닌가. 쉬운 길, 가까운 길을 택하면 예술은 나오지 않는다. 먼 길, 험난한 길을 택해야 자연 예술은 향기를 피운다. 그래서 고난 속에 진리는 터득되고 마침내 표현될 따름이다."

– 윤형근, 1986년

윤형근은 1928년 충청북도 청주에서 태어났다. 1945년 청주상업학교를 졸업한 그는 1947년 해방 후 처음 설립된 서울대학교 미술대학에 입학했다. (그는 이곳의 입학 시험장에서 후에 장인이 될 인물이자 서울대학교와 홍익대학교에서 그를 이끌어준 화가 김환기를 만났다. 김환기가 시험감독관이었다.) 그러나 윤형근이 본격적인 작품 활동을 시작한 것은 1973년. 한국전쟁과 유신시대 등 그 사이의 시간을 채운 우리의 어두운 역사를 돌아볼 때, 그가 순탄치 않은 청년기를 보냈음을 짐작할 수 있다.

윤형근의 첫 고난은 서울대학교에 입학하자마자 시작됐다. 국대안(국립 서울대학교 설립안) 반대운동 시위에 참가했다가 구류 조치를 당한 것으로, 이 사건으로 학교에서 제적당한다. 그 뒤 1950년 6.25 전쟁이 발발했다. 얼마 지나지 않아 이른바 빨갱이들의 정신 교육을 담당하겠다는 '보도연맹'에 끌려가 총살의 위기에서 구사일생으로 살아남았다. 그의 표현대로 "20대 청춘을 악몽 속에서 지냈다". 사선을 넘나들며. 서울대학교 제적 후 홍익대학교로 편입해 1957년 만 29세의 나이로 졸업했다. 1960년 김환기의 장녀 김영숙과 결혼했고, 1961년 숙명여고 미술교사로 부임했다.

1970년대 초를 경계로 윤형근은 갑작스러운 변화를 맞는다. 그의 인생의 변화이자 작가로서의 변화였다. 1972년 10월 유신헌법이 통과된 와중에 1973년 윤형근이 근무하던 숙명여고에 부정입학 사건이 일어난 것이다. 이 사건과 관련해 교장에게 공개적으로 문제제기를 했다가 이튿날 중앙정보부에 잡혀갔다. 레닌 모자를 쓴다는 이유였다. 반공법 위반이라는 죄명을 뒤집어쓰고 한 달가량 서대문형무소에 구속됐고, 이후 1980년까지 파출소에 요시찰인물로 등록되어 감시당하는 생활을 했다. 그때 그의 작품들이 태어났다. 윤형근은 사회의 부조리나 자신의 억울함에 침묵하지 않았다. 자신의 삶을 외면하지 않은 채 그림을 그렸다.

다색, 1980, 마포에 유채, 181.6×228.3cm, 국립현대미술관 소장

엄버와 블루, 그리고 천지문

"내 그림 명제命題를 천지문天地門이라 해본다. 블루Blue는 하늘이요, 엄버Umber는 땅의 빛깔이다. 그래서 천지天地라 했고, (내 그림의) 구도構圖는 문門이다."

– 윤형근, 1977년

1973년 이후 윤형근은 마치 화면을 채우듯 천에 검은색 막대기를 죽 내려그었다. 윤형근 하면 떠올리는 작품들이 이때부터 시작됐다. 그는 스스로 잔소리를 싹 뺀 외마디를 그린다고 표현한 적이 있는데, 그의 기법과 사용하는 색채를 보면 저절로 수긍하게 된다. 그의 안에서 정제되었을 어떤 것들. 누루스름한 마포 위에 칠해진 울트라마린, 또는 암갈색은 한참을 타고 남은 나무조각 같아 보이기도 한다. 침잠하는 색채와 반복적으로 긋는 행위, 단순해 보이는 것들에서 강한 힘을 느낀다. "화가 극도로 났을 때 독한 내 무엇이 십분 화면에 배어나는 것 같다. 그래서 일기를 쓰듯이 그날그날 기록해 보는 것이 내 그림이요 흔적이다." 그의 말처럼 인생에 지워지지 않는 흔적들, 그리고 울분들이 그 안에 담겼을 것이다. 1980년 5월 광주. 한국의 비극적인 역사에 직면했을 때, 그는 쓰러져 가는 검은 기둥을 그렸다.

이후 그의 작품에 문이 등장한다. 죽 내려긋던 행동을 멈추고 작품 한가운데를 그대로 비워둠으로써 문의 형상을 드러냈다. 윤형근은 당시 자신의 작품을 '천지문天地門'이라고 명명했다. 1977년경에 오면서 이러한 삼단 구도가 자주 등장한다. 검은 막대 사이로 보이는 밝고 텅 빈 공간, 시선은 그 공간 너머 먼 곳으로 나아간다. 문 앞에서 윤형근의 깊은 세계를 가늠해본다.

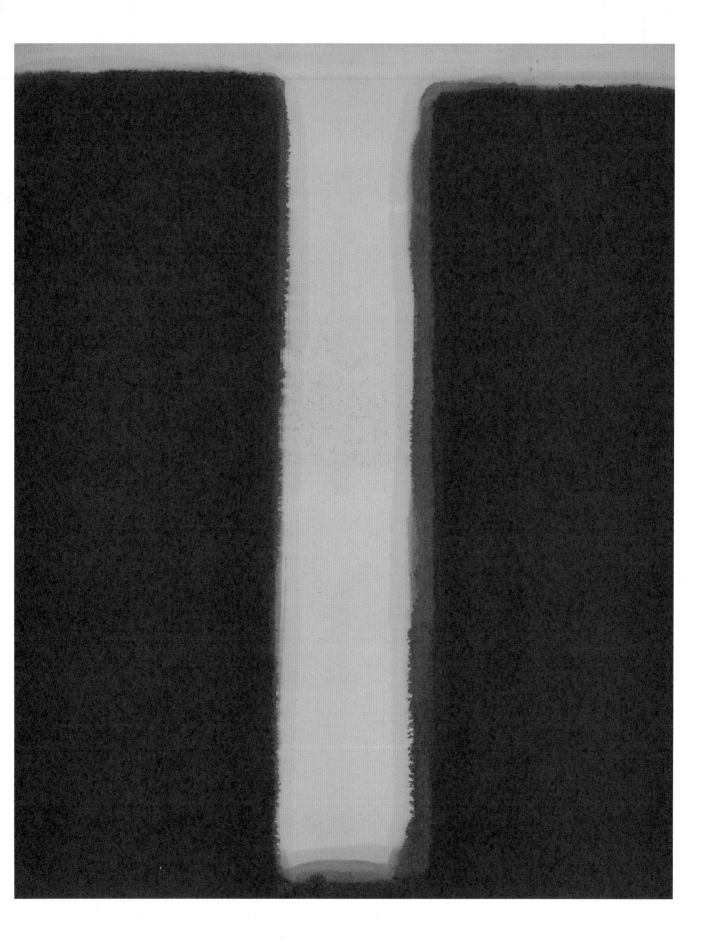

청다색, 1976-1977, 면포에 유채, 162.3x130.6cm

청다색, 1999, 마포에 유채, 182×291.5cm

어둠 앞에서

"예술은 이론을 가지고 되는 문제가 아니다. 천진무구한 인품人品에서만이 영원불변한 향기로운 예술이 생성될 것임을 절감한다."

– 윤형근, 1979년

한 남자가 있다. 커다란 천 위에 자를 대고 연필로 선을 그은다. 선 위에 테이프를 붙인다. 테이프가 만들어낸 네모반듯한 사각형 안을 물감으로 쓱 칠한다. 한 번, 두 번, 세 번… 그리고 다시 테이프를 떼어낸다. 윤형근의 후기 작품은 더 단순하다. 색채는 더욱더 검정색에 가깝다. 그의 그 엄격하고 거대한 어둠 앞에서, 침묵하는 그림 앞에서는 어떤 말도 할 수 없다.

청다색, 2007, 면포에 유채, 162x130.5cm

"진실로 서러움은 진실로 아름다움하고 통한다."

– 윤형근, 1988년

윤형근 전

A. 서울시 종로구 삼청로 30 국립현대미술관 서울관
H. mmca.go.kr
T. 02 3701 9500
O. 2018년 12월 16일까지

세상의 색이
우리에게 오기까지

카시아 세인트 클레어

세상의 모든 것이 저마다 이야기를 속삭이고 있다면, 카시아 세인트 클레어Kassia St Clair는 그중 색의 속삭임에 귀를 기울이는 사람이다. 그녀는 색에 관한 흥미로운 이야기를 담은 책 《컬러의 말》을 쓴 저자로, 런던을 베이스로 디자인 저널리스트이자 색 작가로 활동한다. 자신이 어떻게 색에 빠지게 되었는지, 그리고 우리 삶에 색이 어떻게 들어와 있는지에 대해 그녀와 두 번의 메일을 주고받았다.

에디터 **김혜원**

"색에 관한 글을 쓰며 색에 대한 저의 인식도 바뀌었어요. 시계 초침이 똑딱거리는 걸 알아차리게 된 것과 같죠. 방에 있을 때, 일단 그 소리를 한 번 듣게 되면 절대 무시할 수 없어요. 색도 마찬가지예요. 이제는 여기저기에서 색에 관한 매우 흥미로운 이야기들이 눈에 띄어요."

지금 작가님 주변을 둘러싸고 있는 풍경의 색깔이 궁금해요.
저는 런던에서 정원이 딸린 아파트에 살고 있어요. 정원 안쪽의 작은 창고에서 주로 글을 쓰죠. 한쪽 벽이 통유리로 되어 있어 무화과나무와 화초가 심어진 화분들을 볼 수 있어요. 반대쪽 벽은 전체가 책장이에요. 책상 앞에는 좋아하는 그림들과 친구, 가족에게 받은 카드를 붙여두었어요. 제가 좋아하는 감상적인Sentimental 것들이에요.

어머니가 플로리스트였다는 인터뷰를 봤어요. 색깔의 측면에서 어떤 꽃들이 기억에 남아 있나요?
어머니를 생각할 때 가장 강렬하게 떠오르는 꽃은 스노드롭Snowdrop이에요. 어릴 때 어머니가 집에서 스노드롭을 키우셨어요. 이 꽃은 하얀색이고 1월의 매우 추운 날에만 피어나죠. 그리고 밝은 노란색의 수선화도 생각나네요. 둘 다 어머니의 가게와는 아무 상관이 없지만, 매우 강렬한 기억으로 남아 있어요. 지금 제 정원은 보라색 꽃들로 가득해요. 남편이 식물을 살 때 그런 꽃들에 끌리는 모양이에요.

옥스퍼드에서 18세기 여성복식사를 공부하기도 하셨죠. 작가님 삶의 이런 요소들이 색에 관심을 갖는 데 어떤 영향을 주기도 했나요?
물론이죠. 여성복식사 연구는 저에게 아주 큰 영향을 줬어요. 저는 18세기 사람들이 입던 의복의 색깔에 대해 연구하는 걸 매우 좋아했죠. 당시에는 오늘날 우리가 멋지다고 생각할 만한 색들과는 사뭇 다른 색들을 선호했어요. 물론 색깔의 이름 역시 바뀌었죠.

색에 관한 글은 언제부터 쓰셨나요?
2012년부터 쓰기 시작했어요. 당시 《엘르 데코레이션Elle Decoration》에 색에 관한 칼럼 아이디어를 냈고, 그때부터 계속해서 칼럼을 쓰고 있어요.

글을 쓰기 시작하면서 작가님의 색에 대한 인식도 바뀌었는지 궁금해요.
확실히 바뀌었어요. 마치 시계 초침이 똑딱거리는 걸 알아차리게 되는 것과 같아요. 방에 있을 때, 일단 그 소리를 한 번 듣게 되면 절대 무시할 수 없죠. 색도 마찬가지예요. 이제는 여기저기에서 색에 관한 매우 흥미로운 이야기들이 눈에 띄어요. 신문이나 잡지에 색에 관한 글이 있으면, 친구나 제 책을 읽은 누군가가 제게 그것을 읽어보라고 보내줄 거예요.

《컬러의 말》을 쓰게 된 계기는 무엇이었나요?
저는 더 많은 사람과 색에 대한 저의 열정을 더욱 깊게 나누고 싶었어요. 오늘날 색깔은 너무나 당연하게 여겨져요. 하지만 색에 대해 연구해보지 않는다면 결코 가능할 수 없는 완전한 역사를 색은 가지고 있죠. 또한 문화

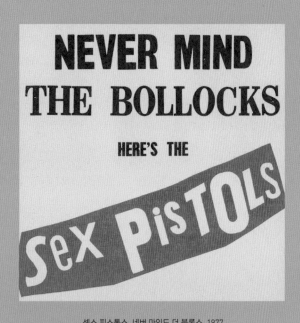

섹스 피스톨스, 네버 마인드 더 블록스, 1977

"1972년 크레욜라는 울트라 핑크와 핫 마젠타가 포함된 여덟 가지 형광색의 한정판을 출시했다. 모든 색 깔은 불가시광선 아래서도 밝게 빛났다. 엄청나게 밝은 색의 거친 자신만만함은 부상하던 펑크 운동의 미학과 완벽히 어울렸다. 엄청나게 밝은 플루오레센트 핑크는 모히칸 헤어스타일이나 당시의 많은 고전 펑크 앨범의 글자에 쓰였다. 1977년에 제이미 리드가 디자인한 섹스 피스톨스의 앨범 '네버 마인드 더 블록스Never Mind the Bollocks'의 표지가 좋은 예다."

– 《컬러의 말》, 플루오레센트 핑크 중에서

조반니 바티스타 살비 다 사소페라토, 기도하는 성모, 1640-1650, 캔버스에 유화, 58x73cm

"서양에서 울트라마린의 부상은 동정녀 마리아 덕분이었다. 1400년대부터 화가들이 자긍심과 신성함의 상징으로 울트라마린 망토나 가운을 입은 마리아를 그리는 비율이 높아졌다. 조반니 바티스타 살비 다 사소페라토는 '기도하는 성모(1640-1650)'에서 동정녀 마리아만큼이나 한밤중의 아름다움 같은 울트라마린에게 경의를 표하는 것 같다."

- 《컬러의 말》, 울트라마린 중에서

와도 매우 밀접한 관계를 맺고 있어요. 특정한 시대, 특정한 장소에서 성장한 사람들은 그 밖의 다른 누군가와 공유할 수 없는 매우 독특한 관점으로 색을 바라보는 것 같아요. 같은 것을 보더라도요. 색의 그런 점은 정말 매력적이에요.

100년 뒤 아보카도 그린에 대해서 읽은 이도 혼란스러울 것이다. 우툴두툴한 껍질의 어두운 색인가? 아니면 과육 바깥면의 클레이 그린인가? 그것도 아니면 씨 근처의 버터색인가? 하지만 오늘날의 사람들에게 아보카도 그린은 의미가 통하는 색이다. 세월이 흐르면서 색의 오차 범위도 커졌다. 그림이나 유물 등의 기록된 근거가 있더라도 만들어졌을 때와 전혀 다른 빛 환경에서 보는 경우가 잦다. 또한 많은 염료와 물감이 최근의 발명품이므로 변색 가능성도 있다. 따라서 색은 주관적인 문화의 창조물로 받아들여야 한다.

― 《컬러의 말》 중에서

책을 읽기 전에는 단지 미술사와 관련된 색 이야기일 거라고 생각했어요. 그런데 훨씬 더 광범위한 이야기더라고요. 색의 역사와 문화, 그리고 쓰임까지요. 책을 쓰는 과정이 쉽지 않았을 것 같아요.
정말 힘들었어요. 몇 가지 색은 정의하기가 매우 어려웠고요. 왜냐하면 짧은 기간 동안 유행했거나 사용된 색들은 많이 다루어지지 않았고, 다루어졌더라도 그에 대한 자료가 정확하지 않을 수 있거든요. 글을 쓴 사람이 오해했거나 혼동했을 수도 있고요. 상당한 연구가 필요했지만, 운이 좋게도 연구는 제가 무엇보다도 좋아하는 일이에요.

《컬러의 말》에는 75가지 색의 이야기가 있어요. 이 중에서 딱 하나만 소개해야 한다면, 작가님은 어떤 색을 선택하실지 궁금해요. 제가 정말 흥미롭게 읽은 부분은, 미라 가루로 물감을 만든 거나 우주 전체를 놓고 보면 우주가 일종의 베이지색이라고 한 코스믹 라테나 99.965퍼센트까지 빛을 흡수해 세상에서 가장 검은 물질이라고 불리는 반타블랙 이야기예요.
제 책을 접해보지 않은 분들에게는 주로 울트라마린에 대해 이야기해요. 수백 년 동안 예술가들이 사용해온 이 놀라운 블루 계통의 색상은 유럽 미술사에 지대한 영향을 미쳤어요. 일반적으로 아프가니스탄의 광산에서 추출한 청금석(라피스 라줄리Lapis Lazuli, 라틴어로 '파란 돌'을 의미한다)으로 만들어지죠.

작가님은 책에서 색 각각의 비밀에 관해 이야기해요. 비밀을 파헤치면서 발견한, 색의 이야기를 구성하는 공통점이 있다면 뭔가요?
특별한 하나의 색을 찾기 위해 떠나는 여정이 책에서 반복적으로 등장하는 테마예요. 사람들은 아름다운 색을 얻기 위해 막대한 돈을 지불하고 독성이 있는 화학물질과 상호작용하거나 먼 곳으로 길을 떠나기도 해요.

'언어의 색, 언어가 색을 규정할까?'라는 글에서 언어와 색의 관계에 관해 쓰셨어요. 그리스 문학에서 발견된 엉망진창의 색깔 묘사를 예로 들며, 당시 그리스인들이 우리만큼 색에 흥미를 느끼지 못했을지도 모른다고 하셨죠. 그렇다면 오늘날 우리가 색에 대해 말하는 방식은 색에 대한 사회적 관심의 증가를 반영한 걸까요?
우리는 색을 좋아한다고 생각하지만 우리가 다른 시대의 사람들보다 더 색을 좋아하는 건지는 잘 모르겠네요. 현재 우리에게 색은 희귀하거나 소중한 것이 아니에요. 옷 가게에 가면 상상할 수 있는 거의 모든 색깔의 티셔츠를 구매할 수 있고, 페인트 가게에서는 원하는 페인트를 찾을 수 있어요. 이런 면에서 매우 큰 결단력을 발휘해야만 하던 과거의 사람들과는 다르죠. 또한 우리는 너무 많은 색을 가지고 있기 때문에 기술적 역할을 맡은 사람들은 CMYK나 RGB 같은 코드를 사용해서 색깔을 말해요. 이런 방법이 정확도를 높일 수는 있겠지만, 무언가를 히아신스 블루나 제이드 그린으로 부르는 것과 같은 힘을 가지고 있지는 않을 거예요.

색과 관련해 여전히 존재하는 편견에 관해 얘기해볼게요. 대표적으로 핑크와 블루로 성을 구분하는 게 있어요.
핑크 대 블루는 매우 중요한 사안이에요. 나아지기는커녕 점점 더 나빠지는 것처럼 보여요. 어린 조카딸을 위해 옷이나 장난감을 살 때, 상품 대부분이 핑크죠. 남자아이들을 위한 선택지는 훨씬 더 다양해요. 역시나 블루가 주가 되긴 하지만요. 이상하죠. 전통적인 성 역할에 도전하는 게 전 세계적인 추세인데 말이에요.

요즘은 옷부터 자전거 헬멧, 요실금 패드까지 여성을 위한 제품이 남성이나 소년을 위한 것과 똑같은데도 더 비싸다는 사실이 밝혀졌다. 2014년 11월 프랑스의 여성부 장관인 파스칼 부아스타르는 '핑크색이 사치의 색입니까?'라는 질문을 던졌다. 마트에서 핑크색 일회용 면도기가 1개에 1.93달러인 데 반해 파란색 일회용 면도기가 10개 들이에 1.85달러에 팔리고 있었기 때문이다. 이런 현상을 이제는 '핑크 세금Pink Tax'라고 일컫는다.

– 《컬러의 말》 중에서

"누드가 색상이 아닌 색의 범위"라는 말도 인상적이었어요. 누드처럼 지금 다시 정의되어야 하는 색이 있을까요?
누드는 단지 피부가 '어떤 모습'이어야 하는지에 대한 하나의 이름이 아니라, 놀라운 범위라는 점에서 제게 매우 중요했어요. 이것과 비슷한지는 모르겠지만, 남성의 경우 비즈니스 상황에서 똑똑하고 진지하고 존경받을 만한 사람으로 여겨지는 색이 매우 한정적인 점이 아쉬워요. 주로 검은색과 다크 블루로 제한되죠. 이 카테고리에 더 많은 색이 포함된다면 정말 좋을 거예요.

'누드'가 특정 피부색을 지칭하는 색깔의 이름이 아니라는 점을 주장해도 큰 무리는 없을 것이다. 진짜 문제는 색이나 단어 자체가 아니다. '누드'라는 단어 뒤에 도사리고 있는 자민족중심주의다. "'누드'보다 피부색이 짙은 우리는 반창고부터 팬티스타킹, 브래지어에 이르기까지 얼마나 긴 세월 동안 우리가 색의 측면에서 배제되어왔는지 깨닫는다"고 스튜어트는 2010년에 쓴 바 있다.

– 《컬러의 말》 중에서

심플한 디자인, 흰색과 검은색 같은 무채색이 유행하는 현상에 대해서는 어떻게 생각하시나요?
흑백 패키징과 디자인은 종종 '미니멀Minimal', '세련미Tasteful', '고가Expensive', 또는 '독점Exclusive'의 의미로 사용돼요. 어떤 면에서는 맞아요. 메시지를 전달하는 데 색깔에 의존할 수 없다면 다른 디테일에 대해 더 깊이 생각할 수 있기 때문이죠. 하지만 안타깝다는 생각도 들어요. 특히 우리에게 더 많은 색이 필요하다고 느끼게 하는 도시들에서요.

혹시 색맹인 독자가 있었는지 궁금해요.
아니요. 하지만 상당히 흥미로운 공감각을 가진 독자들의 감상을 들은 적은 있어요. 읽어보면 알겠지만, 제 책은 역사에 관한 책이에요. 누구에게나 흥미로울 수 있죠. 하지만 책의 디자인 또한 매우 컬러풀하기 때문에, 색 구별에 어려움을 겪는 분들에게는 쉽지 않은 책일지도 몰라요.

《컬러의 말》을 다 읽고 나면 세상의 모든 색에 이름이 있을 것만 같아요. 이름을 붙여줄 색깔이 아직 남아 있나요?
아주 많이요! 어떤 것이든 색깔 참고 도서를 보면서 거기에 있는 모든 색깔에 이름을 붙여보세요. 금세 벽에 부딪힐 거예요. 물론 당신이 부르는 이름들은 다른 사람들이 사용하는 이름과 다를 수도 있어요. 저에게 흥미로웠던 연구 중 하나는 매니큐어 회사에서 신제품의 네이밍을 담당하는 팀과의 면담이었어요. 어떤 색상의 이름은 아주 쉽게 결정되지만, 이름을 정하는 데 아주 오랜 시간이 걸리는 경우도 있다고 하더군요. 같은 색을 보면서도 저마다 의견이 다르기 때문이에요.

좋아하는 색깔이 매번 바뀐다고 들었어요. 요즘엔 어떤 색깔에 빠져 있나요?
맞아요. 늘 바뀌어요. 지금은 다크 그린과 페일 핑크예요. 그런데 최근에는 오렌지색도 좋더라고요. 오렌지는 지금까지 한 번도 좋아해본 적이 없는 색이에요.

저는 도시마다 고유한 색깔이 있다고 생각해요.
저도 도시들에서 각각이 지닌 독특한 팔레트를 자주 발견하곤 해요. 샌프란시스코의 집들은 그레이, 라이트 블루, 다크 블루, 화이트로 칠해져 있어요. 베로나는 소프트 오렌지와 요키 옐로로 가득하죠. 크로아티아의 두브로브니크는 블루, 화이트, 그리고 테라코타로 나누어져 있고요. 같은 장소를 방문하더라도 사람들이 매료되는 색깔은 분명 저마다 다를 거예요. 하지만 이런 색상 팔레트를 보고 그 도시의 이름을 떠올릴 수 있는지 지켜보는 일은 정말 재미있을 거예요.

한국에 와본 적이 있나요? 서울에서 어떤 색을 발견했을지 궁금해요.
한국에 가본 적은 없지만 기회가 된다면 꼭 방문하고 싶어요. 저는 항상 남편에게 도시마다 다른 색상 팔레트를 가지고 있으니 우리가 가본 곳들을 토대로 시리즈를 만들어야 한다고 얘기해요. 어쩌면 서울이 다음 목적지가 될 수도 있겠네요.

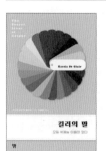

컬러의 말
카시아 세인트 클레어 | 윌북

《엘르 데코레이션》에서 정기적으로 연재하던 색깔에 관한 칼럼이 큰 사랑을 받아 책으로 출간되었다. 우리가 색을 어떻게 인식하는지에 대해서부터 시작해 하양, 노랑, 오렌지, 핑크, 빨강, 자주, 파랑, 초록, 갈색, 검정 계열의 익숙하고 낯선 75가지 색에 관한 매력적인 이야기를 담았다.

빈센트 반 고흐, 해바라기, 1888, 캔버스에 유화, 93x73cm

"화가와 미술 애호가들에게는 슬프게도, 크롬 옐로는 시간이 지나며 갈색으로 변하는 단점이 있다. 암스테르담에서 반 고흐의 그림을 수년간 연구한 학자들은 햇볕에 노출된 꽃잎의 크롬 옐로가 심각할 정도로 진하게 변색되었음을 밝혔다. 그래서 반 고흐의 해바라기는 실제 꽃이 그렇듯 시드는 것처럼 보인다."

– 《컬러의 말》, 크롬 옐로 중에서

색깔을 더한 네 곳

아주 특별한 쉼표

한 공간에 머무는 동안 그곳의 색깔이 잔향처럼
나를 따라올 때가 있다. 그곳이 어땠냐고 묻는 이
들에게 색깔로 대답하고 싶은 네 곳을 소개한다.

에디터 **이자연** 포토그래퍼 **박은진**

나른한 오후의 베이지색
르브리에

A. 서울시 종로구 삼청로 75-8
T. 010 9702 2115
O. 11:00~21:00, 월요일 휴무

어쩌다 주어진 오후를 생각한다. 텅 빈 시간만큼 길어진 하루를 채우는 것은 나의 숙제가 되었다. 알람 없이 햇볕만으로 눈을 뜬 늦은 오전을 위한 근사한 의식을 치러보는 건 어떨까. 삼청동에 위치한 '르브리에'는 따뜻하게 구워진 브리오슈 브런치를 맛볼 수 있는 곳이다. 계절마다 변하는 나무들이 모인 거리를 따라가다 보면 골목 안 하얀 건물이 사람들을 반긴다. 꽃으로 장식된 자전거가 보인다면 잘 찾아온 거다. 안으로 들어가면 흰 벽과 따뜻한 나무 테이블이 다정하고 안온한 분위기를 만들고 있다. 이곳의 브런치 비결은 빵에 있다. 동글동글 귀여운 나이테를 가진 브리오슈의 종류별로 추천하는 브런치가 다르기 때문이다. '수크레Sucré'는 달콤한 달걀 물로 만든 프렌치토스트로 아이스크림이나 생크림과 함께 먹기 좋고, '살레Salé'는 파마산 치즈를 넣은 달걀 물로 만든 프렌치토스트다. 햄이나 베이컨, 소시지 등이 곁들어져 든든한 식사로 먹기 좋다. '빛나다'는 르브리에의 의미처럼 이곳을 찾는 사람들은 해사하게 웃는다. 나른한 오후를 채우는, 브리오슈의 맛있는 색깔, 베이지색의 평온이 느껴진다.

식물의 푸름을 담은
슬로우 파마씨

A. 서울시 마포구 와우산로 15 1층
T. 02 336 9967
O. 11:00~20:00, 일요일 휴무

'슬로우 파마씨Slow Pharmacy'는 식물의 느린 속도를 그대로 담은 식물 가게다. 책 구절에서 우연히 마주친 어떤 문장이 나의 지침이 되듯, 이곳의 식물은 어느 날 만난 사람들을 치유하고 달래는 치료제가 된다. 그러니 이곳이 비밀스러운 조제실처럼 느껴지기도 한다. 어디선가 많이 본 듯한 익숙한 식물부터 난생 처음 보는 식물까지 다양한 자태를 보고 있자니 어쩐지 나도 모르게 말을 건네게 된다. 생각해보면 자연은 그대로의 시간을 흘려보내는 연습을 계속해서 하고 있다. 그 자체로 모든 것을 품고 세상을 견지하는 것이다. 그래서일까. 슬로우 파마씨의 시간은 바깥 세계의 시간보다 조금 더 느리게, 천천히, 그 자체로 흐르고 있는 것만 같다. 해의 순환을 받아들이며 식물을 이해하는 공간이 인간을 치유하지 못할 리가 없다. 언젠가 짧은 수필을 한 편 읽은 적이 있다. 두통이 심해서 약국을 찾았는데 그때 약사가 시원한 보리차 한 잔을 내어 주더라, 그 차 한 잔을 받아 창밖으로 지나다니는 사람들을 구경하다 보니 어느새 두통을 잊게 되었더라는, 아주 평온하기 그지없는 이야기였다. 약이 아닌 것들로 계속해서 재생하고 덧대는 삶에 대해서 생각하게 된다. 슬로우 파마씨의, 초록이 그렇다.

따뜻함을 말하는 갈색빛
올레무스

A. 서울시 서대문구 연희로5길 58
H. instagram.com/olemus.kr
O. 13:00~20:00, 월~화 휴무(시간 변경 공지 확인)

찬 기운이 조금씩 올라오면서 겨울이 한층 선명해졌다. 그럴 땐 데워진 찻잔을 두 손 가득 들고 몸속 끝까지 따뜻하게 하고 싶어진다. 연희동에 위치한 '올레무스Olemus'는 오로지 차만 판매하는 곳이다. 초겨울 특유의 직선 모양을 띤 햇볕을 쬐면서 찬찬히 산책을 하다 들르기 좋다. 올레무스가 점심 이후에 문을 여는 만큼 여유 넘치는 오후를 맡기기에 안성맞춤이니, 좋아하는 책 한 권을 들고 찾는 것도 근사하겠다. 차를 마시는 시간은 온 거짓을 말끔하게 씻어내는 시간이기도 하다. 나 자신에게 건네던 크고 작은 거짓말을 떠올리면서 따뜻하고 맑은 한 모금으로 모든 것을 내보낸다. 올레무스를 찾는 이들은 모두 목소리를 죽이고 서로의 거리를 존중한다. 차분한 분위기 속에서 각자의 시간을 저마다의 방식으로 보내는 것이다. 찻잎을 우리는 동안, 수채화처럼 펼쳐지는 풍경을 느리게 바라보는 건 어떨까. 다홍색과 옅은 녹색, 갈색빛 등 다양한 찻잎의 색깔이 우리를 위로한다.

(GREEN) / **Fennec**
COLOUR STUDIOS

그때의 그 색깔
페넥

A. 서울시 성동구 연무장3길 8
T. 070 8897 2969
O. 11:00~19:30(Break time 12:00~13:00), 연중무휴

가죽으로 다양한 아이템을 만드는 '페넥Fennec'은 색의 경계를 감지하고 결의 차이를 표현하는 브랜드다. 다채로운 디자인의 가방과 지갑으로 저마다 다른 취향을 가진 사람들을 한눈에 사로잡았다. 성수동에는 페넥의 컬러 스튜디오가 있다. 분기별로 하나의 컬러를 선정하여 스튜디오를 꾸려 나가는데, 취재 당시에는 지난여름의 열기를 시원하게 식혀줄 초록색이 경쾌하게 공간을 메우고 있었다. 매계절과 트렌드, 대중의 취향과 관심사 등을 분석하면서 대표적인 컬러로 오감을 자극하는 공간을 완성하는 것이다. 그러니까 페넥의 컬러 스튜디오는 누군가에게는 살구색이었다가, 또 누군가에게는 초록색이고, 또 누군가에게는 노란색으로 기억되고 있을 것이다. 컬러 스튜디오 안으로 들어가면 페넥의 제품들은 물론 조금은 엉뚱하고 재치 있는 아이템들을 눈여겨볼 수 있다. 선정된 컬러를 통해 영감을 주는 아이템들이 하나의 전시처럼 매대에 구비되어 있기 때문이다. 이곳으로 호기심 가득한 표정들이 모여든다. 그때의 그 색깔을 기억하는 일이 좀처럼 많지 않은 시절을 위한 공간처럼 보이기도 한다.

새로운 컬러의 시대

패션쇼에서 발견한 색

발렌티노의 레드, 캘빈클라인의 오렌지, 수많은 컬러를 뒤섞어 새로운 룩을 만들어낸 구찌, 언젠가 다시 진중한 컬러의 시대가 오게 되겠지만, 지금은 아니다.

글 박세진(패션칼럼니스트)

일 년에 두 번 있는 패션쇼 시즌이 되면 언론이나 패션 잡지는 패션쇼에 등장할 트렌디한 컬러를 예측하거나 분석하는 기사를 낸다. 해가 바뀔 때쯤에도 비슷한 뉴스를 볼 수 있다. 이런 기사는 관련 연구소의 연구 결과인 경우도 있고, 패션쇼에서 보이는 옷을 대상으로 분석한 경우도 있다. 특히 요즘은 캣워크뿐만 아니라 패션쇼가 열리는 곳의 스트리트 패션 등을 통해 무슨 컬러가 많이 보인다는 기사도 많다.

아무튼 올해 가을, 겨울 시즌에 유행할 거라고 기사에 실린 컬러를 찾아보면 오렌지, 라임 그린, 프로즌 옐로우, 호피 무늬, 모노톤, 네온, 밀레니얼 핑크, 파스텔 컬러와 페일 컬러 등등의 이름이 등장한다. 어떤 건 평범한 컬러의 이름이지만 수식어가 붙은 컬러도 있고, 색이 아니라 무늬도 있고, 비슷한 분위기를 뭉뚱그려 표현한 말도 있다.

이런 뉴스를 읽다 보면 과연 컬러 트렌드라는 게 의미가 있긴 한 건지 의문이 들기도 한다. 차라리 올해 패션쇼에는 드문 색을 찾아내 그게 왜 없는지 이야기를 하는 게 좀더 유용하지 않을까.

물론 큰 흐름은 있다. 브랜드 입장에서는 다음 시즌의 매출이 걸린 문제고 그러니까 별 생각 없이 아무거나 내놓기는 어렵다. 또한 너무 트렌드만 좇다가는 남들과 똑같은 걸 내놓을 뿐 차별화가 어려워진다는 딜레마도 있다.

사실 컬러는 특정 이미지를 가지고 있는 경우가 많은데, 역사적으로는 계급, 계층, 직업과 관련이 크다. '화이트 칼라', '블루칼라'라는 말은 여전히 관용어로 사용되고 있다. 보라색은 권력자의 색이었고, 올리브그린이나 카멜은 군대의 색이다. 황금색, 빨간색 등은 미신이나 국가적 선호와 얽혀 있기도 하다.

브랜드들에게도 상징적인 컬러 사용이 있다. 발렌티노 컬렉션의 마지막에 나오는 레드는 상징처럼 되어 아예 레드 발렌티노라는 서브 브랜드를 런칭하기도 했다. 디자이너 발렌시아가는 검은색, 회색 사이에서 선명한 핑크를 사용해 효과를 극대화하는 방식으로 유명했다.

이런 기존의 이미지는 여전히 유효하기도 하고 별 의미가 없기도 하다. 지금 발렌시아가의 쇼에서 투우와 플라멩코, 고야에서 영감을 받았다는 컬러 이용 방식을 찾을 수 있을까? 최근의 발렌시아가는 1950년대에 발렌시아가가 하던 것과는 그다지 관련이 없어 보이는 컬렉션을 만들고 있다. 물론 이런 역사는 언젠가 써먹을 가능성이 있기는 하다.

하지만, 예를 들어 군복에서 모티브를 얻은 옷이라면 올리브그린, 실버, 블랙 같은 색이 많기 마련이다. 옷의 모습과 컬러가 함께 이미지를 강화한다. 그렇지만 다른 목적을 가지고 같은 옷에 버건디나 오렌지 컬러를 쓴다고 해도 나쁠 건 전혀 없다. 옷의 생긴 모습이 컬러와 만나 새로운 이미지를 만들어내는 일은 흔하다.

하이패션은 미니멀리즘의 시대, 로고의 시대 등을 거치면서 우중충한 모습이 인기를 끌기도 하고 화려해지기도 하면서 변해왔다. 그 속에서 컬러도 함께 혹은 따로 변해간다. 보통 순환을 한다고 하는데 틀린 이야기는 아니다.

예를 들어 만약 빨간색이 상당히 유행이라 빨간 톤의 옷, 가방, 신발이 많이 나오면 빨간 제품과 거기에 어울리는 컬러를 많이 소비하게 된다. 하지만 사람들은 슬슬 질리게 되고 그런 타이밍에 어떤 브랜드에서 전혀 다른 종류의 컬러를 선보이면 새로움을 느끼기 쉽다. 익히 알던 색이지만 지금 보니까 신선하다는 느낌. 거기에 조합과 사용처에 조금씩 변화를 주기도 하고 네온 그린이나 밀레니얼 핑크 같은 단어처럼 전략적으로 이미지를 만들어내는 경우도 있다. 큰 흐름은 이런 식으로 흘러가고 있는 게 아닐까 싶다.

이렇게 순환을 하던 하이패션은 몇 년 전부터 큰 전환기를 맞이했다. 스트리트 패션, 새로운 세대의 패션이 유입되면서 캣워크 위에 올라가는 제품군이 변하기 시작했고 그동안 잘 쓰지 않던 소재와 컬러를 쓰게 되었다.

예를 들어 캘빈클라인의 쇼에는 도로 작업 노동자의 안전을 위해 멀리서도 눈에 띄도록 오렌지 컬러를 쓴 튼튼한 폴리에스테르 작업복 위에 빨간색과 은색으로 반사판을 붙여 놓은 옷이 나왔다. 그런가 하면 발렌시아가에는 햇빛을 잔뜩 쬐며 산과 들로 돌아다니다가 자외선에 옷의 염색이 바랜 듯한 컬러의 아우터웨어가 등장했다. 그동안 하이패션은 복잡다단한 세상사와는 상관없이 어딘가 떨어져 있는 거 같고 완성된 세계관 속에서 정밀한 장인의 기술로 구조되어 온 이미지가 있었지만, 어느덧 주변의 일상이 섞인 혼돈의 장이 되었다. 시크하고 엣지 있고, 열심히 가꾼 몸을 열심히 드러내는 이전의 멋진 옷에 새로운 세대는 예전만큼 매력을 느끼지 못하고 있다. 노스페이스나 슈프림, 파타고니아나 나이키가 사용하는 생생하고 강렬한 컬러가 새로운 시대의 멋짐을 만들어낸다.

이런 흐름 속에서 컬러의 사용 측면으로 눈에 띄는 곳 중 하나는 구찌다. 노스페이스나 폴로에서 나온 알록달록한 스포츠웨어를 사랑하던 90년대 힙합 패션이나 반짝거리는 것들을 제멋대로 겹쳐 입는 어린아이들의 옷 입는 방식을 따라 하고 있는 듯한 구찌의 컬렉션을 보면 그야말로 컬러가 폭발하고 있다. 수많은 컬러가 뒤섞여 새로운 뷰를 만든다. 이렇게 과잉된 모습이 눈에 익고 나면 다른 옷이 심심하다는 느낌을 받게 된다.

이렇듯 하이패션의 커다란 변화와 함께 사용되는 컬러도 크게 변하고 있다. 아마도 이 요란한 컬러의 시대는 언젠가 막을 내릴 테고 그리고 나면 또 진중한 컬러의 시대가 오게 되겠지만, 지금의 요란한 컬러가 기억 속에 남아 있는 한 다가올 진중한 컬러의 시대는 이전과 또 다른 면모를 보일 게 분명하다. 이런 식으로 패션이 담는 폭이 넓어진다.

사실 국내의 경우 거리를 돌아다녀 보면 금방 느끼겠지만 눈에 띄고 독특한 컬러의 사용을 망설이는 경향이 여전히 있다. 보통은 익숙하지 않기 때문인데 이런 문제는 경험이 중요하다. 그런 점에서 지금의 변화가 우리의 패션 생활에도 새로운 자극을 만들어낼 수 있지 않을까 하는 기대도 있다. 패션에 있어서 다른 컬러는 있을지언정 틀린 컬러는 없다. 무슨 색을 칠하든, 무슨 색을 입든 자기 마음이고 그런 게 바로 최근의 하이패션이 주장하는 태도이기도 하다.

흑백영화에 관한

지극히 사적인 계보

흑백영화는 우리가 도저히 알 수 없던 한 세계를 또렷이 인식하게 한다.

글 김소희(영화평론가)

© 게르트루드

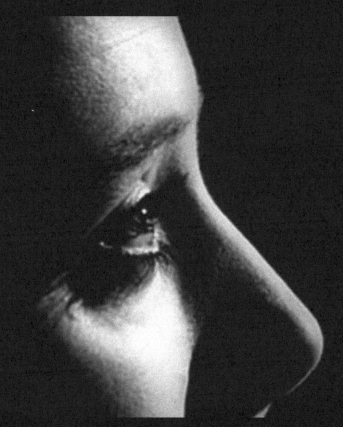

© 소년 소녀를 만나다

© 소년 소녀를 만나다

© 나 그녀

영화는 각각 세계의 창조이다. 하지만 흑백영화만큼 다른 세계를 또렷이 인식하게 하는 것은 없다. 실제 배경이 세트든 로케이션 장소든 상관없이 그 세계는 오직 영화적이다. 빛으로 모든 것이 통제되는 세계. 빛이 있으면 볼 수 있고, 빛이 사라지면 세상은 어둠에 잠긴다. 빛은 세상의 색을 보여주지만, 흑백영화에서 빛은 그것의 형상만 을 제시한다. 흑백영화가 영화적인 이유도, 실은 이와 관련된다. 보여주는 동시에 가려버리는 것. 선택하는 동시 에 배제해버리는 것. 영화를 찍는다는 것은 이렇듯 대조적인 것의 동시적 수행 상태다.

'어떤' 흑백영화가 아니라 '흑백영화'라는 범주 자체를 떠올릴 때면 내 머릿속에서 흑백영화는 즉각 필름 조각으 로 대체된다. 아마도 형태를 있음과 없음으로 단순화시키는 특성 때문인 것 같다. 흑백영화에는, 필름 조각처럼 그것이 찍힐 당시의 시공간이 달라붙어 있어 자꾸만 영화의 원형을 기억하게 한다. 한때 필름은 영화와 사진의 모든 것이었다. 사진관에서 현상한 사진을 찾을 때면, 두툼한 사진 뭉치 뒤로 뭉텅뭉텅 잘린 필름 조각이 늘 부록 처럼 딸려왔다. 때로는 조그만 필름 조각 속에서 사진을 상상하는 편이 실제 사진을 확인하는 것보다 즐거웠다. 작은 프레임 속 세상은, 보이는 어두움과 보이지 않는 밝음으로 반전된 채 거기 웅크리고 있다. 세계의 이면이 담 긴 필름처럼 흑백영화는 우리가 원래 안다고 생각하던 것의 이면이 있음을 그 표면 위에 새기고 있다.

관객들은 전혀 확인할 수 없는 색을 언급하는 흑백영화를 기억한다. 샹탈 애커만은 자신의 영화 〈나, 너, 그, 그녀〉 에서 일종의 퇴행적 수행자로 출연한다. 보이스오버 내레이션은 그녀의 행위를 설명하거나 지시한다. '첫째 날, 나 는 가구를 파랗게 칠했다.'는 화면 밖 음성과는 달리, 이어진 숏에서 '나'(샹탈 애커만)는 의자에서 등을 돌린 채 가만 히 앉아 있을 뿐이다. 칠한 이후인지, 이전인지 혹은 거짓 정보인지 알 수 없다. 화면은 그대로 페이드아웃 되고, 검 은 화면 위로 두 번째 내레이션이 흐른다. '둘째 날, 나는 그것들을 녹색으로 칠했다.'는 보이스오버 내레이션 이후, 페이드인하면 이번에는 '나'가 정면에 놓인 테이블 뒤에 턱을 괴고 앉아 있다. 이후에도 무언가 칠하는 장면은 등장 하지 않으므로, 관객은 음성 정보와 비주얼 이미지의 관계를 영영 알 수 없다. 나는 이렇듯 영화에 새겨진, 내가 도 저히 알 수 없는 어떤 것을 사랑했다.

그전에도 몇몇 영화를 봐왔지만, '이것이 영화구나.'라고 인식한 것은 어느 날 안방의 조그만 아날로그 텔레비전 에서 나오던 한 흑백영화를 보았을 때다. 그 영화가 레오스 카락스의 〈소년 소녀를 만나다〉라는 것은, 그 이상스 러운 배우가 드니 라방이라는 것은 나중에 알게 되었다. 나는 앞부분을 보지 못해 어떤 내용인지도 모르는 영화 를 멍하니 바라보았다. 그때 나를 사로잡은 것은 무엇이었을까. 알렉스(드니 라방)가 입고 나온 흑백 격자무늬 재 킷 때문이었을까. 흑백영화에서 유독 도드라져 보이던 그 격자무늬를 비롯해 내가 영화에 관해 기억하는 것은 파편들이다. 특히 여자 주인공 미레유(미레유 페리에)가 자살하려던 순간과 이때 등장한 가위의 이미지를 강렬하 고 또렷하게 기억했다. 그전까지 내게 영화는 서사와 동일했다. 〈소년 소녀를 만나다〉를 만난 그 순간, 영화가 강 렬한 시각 이미지일지도 모른다고 자각했다.

'모른다'는 자각은 '안다'는 자각보다 영화적이다. 영화라는 세계는 모른다는 것이 두려움이 아니라 가능성이 되는 반전의 세계였다. 책에서 만난 나의 영화 스승은 영화란 사유의 무능력을 경험하는 거라고 말했다. 들뢰즈는 아르토를 경유해 "우리는 전능한 하나의 사유를 재건하려 하지 않고 이 무능력을 우리의 사유방식으로 삼아야 한다."고 말했다(질 들뢰즈, 《시간-이미지》). 여기에서 들뢰즈는 아르토에게서 드레이어에게로 향한다. 나는 들뢰즈가 인용한 〈게르트루드〉(칼 테오도르 드레이어) 대사보다 들뢰즈의 사유를 잘 드러내는 것은 없다고 생각한다. 들뢰즈가 인용한 〈게르트루드〉 속 주인공의 대사는 다음과 같다. "내가 젊었었나? 아니다, 그러나 나는 사랑했다. 내가 아름다웠던가? 아니다, 그러나 나는 사랑했다. 내가 살았었나? 아니다, 그러나 나는 사랑했다." 이 인용된 대사를 읽기 전까지 내가 영화이론서를 읽다가 눈물을 흘리게 될 줄은 몰랐다. 이것은 온전히 대사가 가진 힘이라기보다는, 대사가 들뢰즈의 사유와 뭉쳐 내게 날아와 꽂힌 거라고 생각한다.

〈게르트루드〉를 다시 보다가 이 영화가 드레이어의 전작 〈잔 다르크의 수난〉과 깊이 연결되었음을 느꼈다. 게르트루드(니나 펜스 로데)는 어떤 인물과 대화할 때, 그를 정면으로 바라보는 대신 카메라 너머 어딘가를 보곤 한다. 카메라는 여간해서 컷을 나누지 않은 채 흐르며, 게르트루드와 왈츠를 춘다. 게르트루드의 시선에서, 〈잔 다르크의 수난〉의 마리아 팔코네티를 떠올렸다. 팔코네티가 연기한 잔 다르크의 시선 역시 카메라 너머를 향했다. 드레이어는 시선의 유비를 통해 어떤 종교인의 숭고한 영적 체험을 한 여인의 통속적 사랑 버전으로 반복한다. 잔 다르크의 시선이 속세 너머 영혼을 향한다면, 게르트루드는 기억을 더듬거나 꿈을 꾸는 것 같다. 이들은 카메라를 정면으로 쳐다보지 않지만, 그녀들의 시선은 카메라와 관계되어 있으며 카메라 너머의 관객을 의식한다.

훗날 장 뤽 고다르는 〈비브르 사 비〉에서 〈잔 다르크의 수난〉의 한 장면을 인용한다. 〈비브르 사 비〉의 주인공 나나(안나 카리나)는 극장에서 〈잔 다르크의 수난〉을 보다가 눈물짓는다. 나나는 팔코네티를 바라보고, 관객인 우리는 그런 카리나를 바라본다. 때때로 카메라를 똑바로 바라보는 카리나의 몽환적인 눈빛은 환상의 벽을 깨는 동시에 또 다른 환상의 벽을 공고히 구축한다. 그 속에는 자각과 환영이 동시에 깃든다. 우리는 영화를 바라보고 영화는 우리를 바라본다. 오래된 환상의 눈 맞춤. 그 눈 맞춤은 관객이 영화와 닮아 있음을 표시한다. 영화가 상영되는 어두운 영화관 속에서 관객은 익명의 형상으로 빛난다. 각자의 자리에서 페이드인의 기대감과 페이드아웃의 여운을 품은 채, 어둠으로 빛나는 영화 안에 우리가 있다.

돌아온 흑 선생

컬러 시크릿 클래스

아침을 맞이하고 잠에 들기까지, 도저히 무색의 세상을 상상하기가 어렵습니다. 누군가는 정치를 위해, 또 누군가는 마음의 치유를 위해, 다양한 목적으로 색깔을 활용하고 있습니다. 이번 클래스에서는 조금 더 자세히, 깊이, 색깔과 인간의 교집합을 말해보려고 합니다.

에디터 **이자연** 일러스트 **최인애**

흑 선생을
말할 것 같으면

안녕하세요, 여러분. 오랜만이에요. 초면인데 왜 오랜만이냐고요? 바로 제가 '영화' 편에서 책, 음악 등에서 영화의 비밀을 밝힌 '필 선생'이었고, '자연' 편에서 도시락 레시피를 소개한 '양평동 옥상 선생'이었다는 사실! 이렇게 보니 낯이 익죠? 제가 다방면에서 활발하게 활동하고 있다는 것을 잘 모르시는 분들이 많은 것 같아서 짧게 소개해보았습니다. 이번 수업에선 색깔에 관한 흥미로운 비밀을 알려드릴까 해요. 색깔은 언제 어디서든, 어떤 일을 하고 무엇을 먹고 어떤 사람을 좋아하든 결코 빼놓을 수 없는 요소입니다. 그만큼 색깔 없는 세상을 상상하는 건 어려울 거예요. 이야기를 시작하기 전에 가벼운 퀴즈 하나를 내볼게요. 클래스에서 제 이름은 '흑 선생'입니다. 맞아요, 바로 검정색을 뜻하는데요. 왜 검정색일까요? 눈치챘겠지만 검정색은 모든 색깔을 다 더했을 때 나오는 색입니다. 모든 빛을 합쳤을 때 하얀색이 된다면, 모든 색을 합쳤을 땐 검정색이 되는 거죠. 색깔들의 교집합인 검정색이. 더욱 특별하게 느껴지죠?

각 고유의 색은 시신경을 통해서 뇌가 인지하고, 중추신경계에서 수천억 개에 달하는 세포들이 바쁘게 미세한 정보들을 교류하는데요, 이 과정을 통해 사람들이 색에 의한 자극을 받게 되는 겁니다. 무엇보다 색깔은 사람에게 아주 강력한 효과를 발휘하는 사회적 도구이기도 해요. 색깔만으로도 인간은 정서적, 육체적으로 다각적인 영향을 받게 되죠. 어떤 대상의 색깔은 사람들의 기분과 감정을 좌지우지하기도 합니다. 실제로 컬러 테라피에서는 색이 가지고 있는 에너지와 성질을 심리 치료와 의학에 활용하고 있어요. 색채가 뇌 속의 시상하부를 자극하고 사람들의 감정과 생각에 영향을 주는 거죠. 그리고 이런 영향은 체온과 혈압, 소화기관까지 이어집니다. 이론적인 이야기가 조금 지루했나요? 이제 본격적으로 색깔과 인간의 교집합에 대해 이야기하겠습니다. 아주 흥미진진한 비밀을 살짝 공개하는 거니까 집중해주셔야 합니다. 집중!

COLOR AND DREAM

꿈의 색깔은

사람들은 자면서 꿈을 꿉니다. 내재된 욕구가 꿈을 통해서 해소되기도 하고, 외부 세계에서 자극받은 것들이 나타나기도 하죠. 꿈과 색깔의 경계에는 아주 흥미롭고 재미있는 이야기가 숨어 있습니다. 한 연구에 따르면 아동기에 흑백텔레비전과 흑백영화를 본 아이들은 흑백 꿈을 꾸면서 자란다고 합니다. 1915년부터 1950년대까지 진행된 연구에서 대부분의 꿈은 정의한 데 비해, 1960년대부터 유색 꿈이 80퍼센트를 차지했다는 변화를 통해서도 컬러텔레비전의 영향을 가늠할 수 있겠죠. 이 시기가 컬러텔레비전이 등장하고 보편화, 대중화되던 시기였기 때문에 미디어가 유색 꿈의 주된 원인이었다는 설명을 덧붙일 수 있습니다. 하지만 이 연구에 관하여 다양한 의견이 갈리고 있다고 하니 흥미롭고 재미있는 가설로 이해하면 좋을 것 같습니다.

여기서 잠깐. 다양한 세대가 컬러텔레비전을 보는데, 왜 유독 아동기만 강조했을까요? 여기서는 '각인된 마음 상태Imprinted Mind'라는 개념이 아주 중요하게 작용합니다. 아동기에 영상을 접하는 것이 다른 시기보다 더 큰 영향을 주기 때문이죠. 그 영향이 당사자의 꿈꾸는 방식을 결정하는 거고요. 비록 하루에 텔레비전 시청 시간이 얼마 되지 않더라도 정서적인 교감이나 집중한 정도가 훨씬 더 강렬하게 남는 거예요. 그렇게 마음에 크고 깊은 자국Imprint이 남는 거고요. 인간이 본래 환경에 강한 영향을 받는다고는 하지만, 이 연구는 어쩐지 조금 더 특별하고 재미있게 들리죠?

문장으로 색깔 말하기

풍경을 생생하게 표현한 소설 속 문장을 소개합니다.

뭐랄지 부드러운 색깔이 내 몸을 쓰다듬을 것처럼 좁은 길이었다. 빽빽하게 들어서 집을 화재로부터 지켜준다는 나무 숲 속을, 그 풍성한 나뭇잎의 색채 아래를, 우리는 시간의 터널을 지나는 것처럼 천천히 걸었다.

– 요시모토 바나나, 《바다의 뚜껑》 중에서

이지러는 졌으나 보름을 갓 지난 달은 부드러운 빛을 흐뭇이 흘리고 있다. 대화까지는 팔십 리의 밤길, 고개를 둘이나 넘고 개울을 하나 건너고 벌판과 산길을 걸어야 된다. 길은 지금 긴 산허리에 걸려있다. 밤중을 지난 무렵인지 죽은 듯이 고요한 속에서 짐승 같은 달의 숨소리가 손에 잡힐 듯이 들리며, 콩포기와 옥수수 잎새가 한층 달에 푸르게 젖었다. 산허리는 온통 메밀밭이어서 피기 시작한 꽃이 소금을 뿌린 듯이 흐뭇한 달빛에 숨이 막힐 지경이다.

– 이효석, 《메밀꽃 필 무렵》 중에서

하늘이 서서히 밝아 왔지만 도시는 별빛이 비추지 않는 어둠 속에 있는 것 같아서, 갈립은 밤이 끝나려면 멀었다고 생각했다. 갈립은 추위에 떨면서 아래로 보이는 사원, 콘크리트 흉물, 굴뚝 연기에 비치는 빛이 도시 밖이 아니라 도시 안에서 새어 나오는 것 같다고 생각했다. 형태를 갖추어 가는 행성의 표면을 보고 있다고 해도 믿을 수 있을 것 같았다. 사원의 돔으로 덮여 있는, 오르막길과 내리막길로 된 도시의 조각들, 콘크리트, 돌, 기와, 나무, 플렉시 유리가 천천히 열리고 그 틈 사이로 신비스러운 지하 세계의 불꽃색 광명이 새어 나올 것만 같았다.

– 오르한 파묵, 《검은 책》 중에서

나는 건물의 문을 지나서 시간제한등을 켰다. 낡은 바닥돌이 검은색과 회색의 장미 무늬였던 복도, 쇠로 된 그물, 받침벽, 노란 벽의 우편함들, 그리고 여전히 풍기는 저 돼지기름 냄새.
내가 두 눈을 감고 내 열 손가락을 이마에 붙인 채 정신을 집중한다면 아마도 저 먼 곳에서 그녀의 샌들이 딸깍 거리며 층계를 오르고 있는 소리를 들을 수 있을지도 모른다는 생각을 하고 있었다.

– 파트릭 모디아노, 《어두운 상점들의 거리》 중에서

COLOR AND FOOD
먹지 마세요 눈에게 양보하세요

입이 아니라 눈으로 먹는다는 말, 많이 들어보셨죠? 보통은 맛있는 음식만큼 정갈하고 깔끔한 상차림도 중요하다는 의미로 쓰이지만 실제로 눈도 음식을 먹는답니다. 색깔은 사람들이 음식을 고를 때부터 맛을 느끼는 방식, 심지어 배고픔의 상태까지 영향을 줍니다. 이를테면 빨간색 계열은 자율신경계의 교감신경을 흥분시켜서 호흡이 빨라지고 혈압이 오르며 맥박이 늘어난다는 연구 결과가 있어요. 그래서 빨간색을 보고 있으면 더 허기진 느낌이 들고 식욕이 살아난답니다. 패스트푸드점을 상징하는 색깔로 빨간색을 많이 쓰는 이유도 여기서 비롯했다고 해요. 또한 노란색은 음식을 맛있어 보이게 하는 효과가 있어서 음식점 인테리어에서 노란 조명을 가장 많이 쓴다고 합니다. 반대의 경우도 있겠죠? 빨간색과 반대로 초록색은 혈액 내 히스타민의 비율을 높이고 혈관을 확장시켜서 많은 양의 혈액이 공급되도록 도와준다고 해요. 그래서 충동적인 식욕도 억제하고 통제하는 역할을 톡톡히 해주고 있지요. 맛은 혀로 느끼는 것뿐만 아니라 다른 감각기관을 통해서 얻은 정보를 종합해 느끼는 것이기도 합니다. 그래서 사람들은 그릇에 따라 음식 맛을 다르게 느끼기도 해요. 한 실험에서는 똑같은 맛이 나는 커피를 투명한 유리잔, 흰색 머그잔, 파란색 머그잔에 각각 담아 피실험자들에게 맛보게 했어요. 그리고 가장 단맛이 나는 커피를 고르라고 했죠. 그러자 사람들은 파란색 머그잔에 들어 있는 커피를 가장 달콤하다고 꼽았습니다. 파란색이 커피의 갈색 농도를 완화하는 효과가 있어서 파란색 잔에 담긴 커피를 덜 쓰다고 느낀 것이죠. 또 다른 실험에서는 음식 색깔을 바꿔보았어요. 첫 번째 실험은 블라인드 테스트로 눈으로 확인할 수 없지만 주어진 주스가 오렌지 주스 맛이 나는지를 물었죠. 그러자 다섯 명의 피실험자 중 한 명만이 오렌지 주스 맛이 난다고 대답했습니다. 여기서 비밀이 하나 있는데요, 이 오렌지 주스의 정체는 바로 라임 주스였어요. 그리고 두 번째 실험에서는 이 주스를 오렌지색으로 바꿔 똑같은 질문을 했습니다. 사람들은 오렌지 주스 색깔의 주스를 눈으로 직접 볼 수 있었고, 다섯 명 중 세 명의 실험자가 오렌지 주스 맛이 난다고 대답했답니다. 모든 감각기관이 자기의 소임을 다하고 있지만, 눈으로 확인한 정보가 지배적이라는 게 참 인상적인 실험이었어요. 아마 색깔에는 그 맛의 기억이 저장되어 있는 걸지도 모르겠네요. 그러니까, 눈으로 먹는다는 말, 이제 더 이해가 가죠?

문장으로 색깔 말하기

나는 편애하는 계란 프라이에 대해 생각하고 만다. 어렸을 때, 거뭇거뭇하고 묵직한 프라이팬에 기름을 둘러 계란 프라이를 멋지게 구웠었다. 노릇노릇한 테두리는 프릴이나 레이스처럼 물결치고, 흰자는 올록볼록해도 노른자는 적당히 익은 계란 프라이. 접시에 옮길 때면 노른자가 터지지 않을까 조마조마했는데, 아무리 조마조마해도 옮길 수 밖에 없었다.

― 에쿠니 가오리, 《부드러운 양상추》 중에서

잘 마른 굴비도 껍질과 살 사이에는 기름기가 많아 북어처럼 메마르지 않았다. 점심 반찬을 하려고 짝짝 찢고 나면 손바닥에 기름이 흘렀고 육질은 부드러우면서도 씹는 맛이 일품이었다. 특히 단단하게 잘 마른 알맛은 조금 맛본 어란맛 못지 않았고, 빛깔은 투명한 조니 워커 빛깔이었다. 시어머니는 당신이 생선 대가리나 꽁지를 차지할지언정 아들과 며느리를 음식으로 층하하는 일이 없었는데도 어란만은 아들만 먹이려는지 깊이 껴두어 나는 조금밖에 맛보지 못했다.

― 박완서, 《그 남자네 집》 중에서

'빙수에는 바나나 물이나 오렌지 물을 쳐 먹는 이가 있지만, 얼음 맛을 정말 고맙게 해주는 것은 새빨간 딸기 물이다. 사랑하는 이의 보드라운 혀끝 맛 같은 맛을 얼음에 채운 맛! 옳다, 그 맛이다. 그냥 전신이 녹아 아스라지는 것같이 싱긋-하고도 보드랍고도 달콤한 맛이니, 어리광 부리는 아기처럼 딸기 탄 얼음물에 혀끝을 가만히 담그고 두 눈을 스르르 감는 사람, 그가 참말 빙수 맛을 즐길 줄 아는 사람이다. (중략) 얼음은 갈아서 꼭꼭 뭉쳐도 안 된다. 얼음발이 굵어서 싸래기를 혀에 대는 것 같아서는 더구나 못쓴다. 겨울에 함박같이 쏟아지는 눈발을 혓바닥 위에 받는 것같이 고와야 한다. 길거리에서 파는 솜사탕 같아야 한다.'

― 방정환, 《빙수》 중에서

여왕이 병에서 눈 위로 한 방울 더 떨어뜨리자, 순식간에 초록색 실크 리본으로 묶여 있는 둥근 상자가 나타났는데, 상자를 열자 최고의 터키시 딜라이트 몇 파운드가 들어있었다. 사탕은 가운데까지 모두 달고 가벼웠으며, 에드먼드는 이보다 더 맛있는 것을 지금까지 먹어본 적이 없었다.

― 크리스틴 다치필드, 《사자, 마녀, 그리고 옷장》 중에서

이 히수무레하고 부드럽고 수수하고 슴슴한 것은 무엇인가. 겨울밤 찡하니 닉은 동티미국을 좋아하고 얼얼한 댕추가루를 좋아하고 싱싱한 산꿩의 고기를 좋아하고 그리고 담배 내음새 탄수 내음새 또 수육을 삶는 육수국 내음새.

― 백석, 《국수》 중에서

어린 샐은 베리를 세 개 따서 작은 주석 통에 떨어뜨렸다… 통, 통, 통! 샐은 베리를 세 개 더 따서 먹었다. 그리고 나서 베리를 더 따서 통에 베리 하나를 떨어뜨렸다. 통! 그리고 나머지는 먹었다. 그러고 나서 어린 샐은 통에 있던 베리 4개를 모두 먹었다.

― 로버트 맥클로스키, 《블루베리 따는 샐》 중에서

COLOR AND FEELING
색깔만이 우리를 위로해

현대인의 대부분은 각기 다른 크기의 우울증을 끌어안고 산다는 말을 들은 적이 있어요. 나름의 사정이 담겨 이름도, 내용도, 무게도 다른 우울을 감내하고 있는 것이죠. 걱정의 길이는 잠들지 못한 밤의 길이일지도 모르겠어요. 그리고 지금, 색깔로 그 마음을 달래보려고 합니다. 지금까지 색깔이 사람에게 미치는 지대한 영향에 대해 이야기했잖아요? 그래서 이번에는 마음을 포근하게 달래줄 색깔의 비밀을 말씀드릴게요. 빨간색 계열과 달리 파란색 계열은 부교감신경을 흥분시켜요. 사람의 심리를 편안하게 만들어주는 신경전달물질을 뿜어내도록 유도하는 거죠. 이로써 맥박이 안정되고 호흡이 깊어지면서 동시에 길어진다고 합니다. 실제로 2000년 영국 글래스고 지역에서는 길거리에 파란색 조명을 두자 범죄발생률이 현저하게 줄었대요. 갈색 계열의 색깔은 기분 좋아지게 만드는 세로토닌의 합성을 도와서 만성피로를 개선해준다고 하고요. 감정과 직접적으로 연결된 것은 아니지만, 조금 흥미로운 이야기를 해볼게요. 노란색의 경우 멀미를 유발할 수 있어서 비행기 내부에서는 노란색 사용을 기피한다고 해요. 또 같은 규모의 상자여도 초록색보다 검정색이 더욱 무거워 보인다고 합니다. 색깔 하나로 마음 상태가 바뀌는 게 정말 신기하죠? 앞으로 여행을 하거나 친구들과 대화를 나눌 때, 쇼핑을 하고 맛있는 음식을 먹거나 영화를 볼 때, 색깔을 더욱 유의해서 관찰해보는 건 어떨까요. 그럼 더욱 일상이 즐거운 발견으로 가득할 거예요. 컬러풀 원더풀 라이프, 오예!

영화로 색깔 말하기

BLUE | 콜 미 바이 유어 네임

루카 구아다니노 | 2018

아름다운 햇살이 내리쬐는 가족 별장에 여름이 찾아왔다. 이 여름은 아주 짧고 강렬해서 모든 것을 집어 삼킬 힘을 가졌다. 엘리오는 어느 날 별장을 찾은 올리버와 사랑에 빠지고 그들을 바라보는 파란 하늘은 여름을 내내 지키고 있다. 푸른 호수에서의 수영을 하고, 초록빛 잔디 위에서 낮잠은 자며 둘만의 시간은 조금씩 굳건해져 간다. 누군가의 이름은 어떤 색깔을 머금고 있는 것일지도.

GREEN | 마담 프루스트의 비밀정원

실뱅 쇼메 | 2014

어릴 적 부모를 잃은 폴은 말을 잃은 채 두 이모와 함께 지내고 있다. 이모들은 그를 유명한 피아니스트로 만들기 위해 노력했지만 서른 셋의 나이로 폴은 댄스교습소에서 피아노 연주를 해줄 뿐이다. 그러던 어느 날 우연히 이웃 마담 프루스트의 집을 찾게 된다. 그녀가 키우는 푸른 작물을 먹으며 지나간 시절의 기억을 찾게 된다. 그녀의 비밀정원 사이로 깃든 감정이 조금씩 자라난다.

PINK | 그랜드 부다페스트 호텔

웨스 앤더슨 | 2014

세계대전이 한창이던 어느 날, 세계 최고의 부자 마담 D.가 의문의 살인을 당한다. 그녀의 연인이자 전설적인 호텔 지배인인 구스타브는 유력한 용의자로 지목되고 누명을 벗기 위해 로비보이 제로에게 도움을 청하게 된다. 그랜드 부다페스트 호텔의 진한 분홍색은 미스터리를 오묘하게 감싸며 알 수 없는 혼돈을 자아낸다. 비밀로 잔뜩 범벅이 된 이 곳의 진의를 조금씩 찾아 나간다.

PURPLE | 플로리다 프로젝트

션 베이커 | 2018

보랏빛 모텔 매직 캐슬은 여섯 살짜리 꼬마 무니와 친구들에게 환상의 모험지가 된다. 이곳은 마법의 성을 지칭하는 이름과 달리 가난과 알코올 중독, 아동성애자 등으로 시달리는 모습이 건너편의 디즈니 월드 매직캐슬과 대비된다. 아이들의 눈에 비춰지는 세상은 천진한 보랏빛이지만 그 안으로 감춰진 어른들의 이야기는 날이 매섭게 서있다.

빛과 온도, 그리고 별

우주의 색깔 이야기

어두운 밤하늘에는 셀 수 없이 많은 천체가 각자의 색으로
빛나고 있다. 천체사진가는 이 아름다운 빛을 찾아 사진
에 담고, 천문학자는 그런 색을 띠는 이유를 연구한다.

글·사진 **전영범**(천문학자, 《천문대의 시간 천문학자의 하늘》 저자)

밤하늘의 천체는 지상의 풍경과 어우러질 때 더 아름답게 보인다. 보현산천문대에서 바라본 겨울철 별자리들이다.

물감은 섞으면 섞을수록 짙어져서 검게 된다. 빛은 반대로 하얗게 밝아진다. 검은 쇠구슬을 가열하여 온도를 높이면 점점 밝아져서 빨갛게 달구어진다. 녹지 않고 계속 버틸 수 있다면 아마도 노랗게 변하다가 흰색이 되고, 마침내 파랗게 될 것이다. 물론 녹아서 쇳물이 되어도 그런 색으로 보인다. 용광로에서 쇳물의 온도를 육안으로 구분할 수 있는 것도 이런 이유 때문이다. 쇠구슬을 가열한다는 것은 빛을 더하는 것과 같은 현상이다. 빛은 곧 에너지이기 때문이다. 별도 쇠구슬처럼 온도가 낮으면(4000도 정도만 되어도 낮다고 본다) 붉게 보인다. 조금 더 올라가서 6000도 정도, 즉 태양과 비슷한 온도에서는 노란색을 띠다가 10000도에 흰색이 되고, 더 높으면 파란색이 된다. 그래서 천문학자는 별의 색을 알아내면, 그 별의 온도를 알 수 있다*. 온도를 알고 다른 방법으로 별의 크기를 알아내면 그 별의 절대밝기를 알 수 있고, 거리를 알 수 있으며, 나아가 나이도 알아내는 등 별의 많은 특성을 이해할 수 있다. 천문학은 별(넓게는 천체)의 거리를 구하는 학문이라고 할 정도로 거리 측정이 중요한데 거리를 구하는 가장 밑바탕에 별의 색이 쓰이는 것이다.

별의 색을 두고 이렇게 장황하게 이야기하는 것은 그 색을 정밀하게 측정하기가 아주 어렵기 때문이다. 사람들은 태양을 빨갛게 그리기도 하고 노랗게 그리기도 하며 어떤 이는 하얗게 그리기도 한다. 막연히 붉게 탄다는 생각을 가지고 있거나 밝으니까 그저 하얗다고 생각했을 것이다. 노랗게 그린 사람의 대부분은 태양은 노란색이라는 학습의 영향을 받았을 것이다. 실제 육안으로 태양을 보고 그 색을 구분하기는 어렵다. 하지만 태양의 온도가 대략 5700도 정도이므로 분명 노란색에 가까울 것이다. 태양의 빛을 1/10000 이하로 줄여주는 필터를 통해 본 태양은 분명 주황색이 섞인 노란색으로 보인다.

*별은 전체가 가스로 구성되어 있어서 내부는 온도가 훨씬 높다. 우리가 보는 부분은 바깥의
표면과 대기층이며, 천체의 온도는 마지막으로 빛을 내보내는 표면의 온도를 뜻한다.

2016 개기일식, 인도네시아 ⓒ 한국천문연구원 왕정림, 전영범

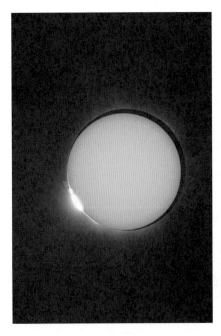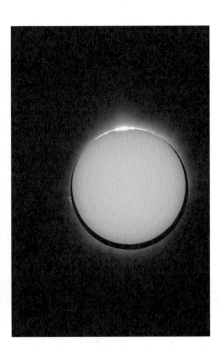

노란색은 해고 검은색은 달이다. 개기일식은 실제로 달이 해를 가리는 것인데, 여기서는 이해를 돕기 위해 일식이 발생하기 전의 해를 달 앞에 놓았다. 보이는 것과 같이 해의 크기가 조금 작아 개기일식이 일어나며, 분명 노란색으로 보인다.

어두운 밤하늘에 숨은 많은 성운(가스 구름)을 사진 찍으면 화려하기 그지없는 멋진 모습이다. 성운의 그 화려한 색에서 구성 물질과 분포 상태를 알 수 있다. 빨간색, 초록색, 파란색. 사실 별을 제외하면 우주는 원색을 즐긴다. 그중에서도 하나의 파장만 가진 단색을 즐긴다. 그런데 밤하늘의 아름다운 성운은 유독 붉은색이 많다. 우주에서 가장 많은 물질은 수소다. 수소가 에너지를 받으면 수소 핵(양성자)을 중심으로 돌고 있는 전자의 궤도가 변하여 때로는 빛을 흡수하고 때로는 빛을 방출하는데, 가시광 영역에 속한 붉은 단파장 빛을 강하게 방출하기 때문에 붉은색을 가진 성운이 가장 흔한 것이다. 여기에 많은 먼지와 산소, 질소, 탄소 등 우리가 알고 있는 원소들로 초록색, 파란색, 때로는 검은색 등 여러 색이 뒤섞인 화려한 성운이 된다. 각 원소의 양과 온도에 따라 나타나는 색과 모양이 다르다. 또한 관측할 때 어떤 파장을 택해 찍느냐에 따라서도 달라진다.

M8* 석호성운, 장미성운 등 천체사진가가 좋아하는 천체의 대부분이 이렇게 붉고 화려하다. 이런 성운을 발광성운이라고 부른다. 하지만 때로는 M45 플레이아데스 산개성단처럼 파란색 성운도 볼 수 있다. 원소 자체가 빛을 내지 못하고 주변 빛을 반사하기 때문에 파랗게 보인다(그래서 반사성운이라고 한다). M20 삼열성운은 두 색이 섞여 있다. 별의 마지막 죽음을 보여주는 행성상성운이나 초신성 잔해에서도 다양한 색이 보인다. M51 외부은하는 붉은 가스 구름을 많이 가지고 있다. 작은 은하와 합쳐지면서 활발하게 새로운 별을 만들고 있는 것이다. 천문학자는 이렇게 뒤섞인 색에서 그 천체의 특성을 짐작한다.

*M8의 'M'은 프랑스의 천문학자 메시에Messier를 의미한다. 그는 밤하늘을 뿌옇게 만들어 혜성을 찾을 때
헷갈리게 하는 천체 110개를 미리 찾아 번호를 붙였다. 이를 메시에 천체Messier Objects라고 한다.

1. M103 산개성단. 화려한 별의 모임이다. 가운데 붉은 별은 죽어가는 별이다. 이런 색에서 별의 온도를 짐 작할 수 있고, 모두 같은 시기에 태어났을 것이기 때문에 이런 색을 통해 진화 과정도 대략적으로 알 수 있다.

2. 초신성의 잔해인 베일성운의 모습. 아주 큰 별이 죽으면 초신성으로 폭발하고, 시간이 1만 년 정도 흘러서 가스 구름으로 넓게 퍼졌다. 시간이 흐르면 결국 다른 별을 만드는 재료가 될 것이다.

3. M51 소용돌이 외부은하. 작은 은하와 큰 은하가 서로의 중력에 끌려서 합쳐지는 모습이다. 그 과정에 많 은 가스 구름이 불안정해져서 많은 별이 탄생하게 된다. 붉은 가스 구름은 일종의 별을 만드는 공장인 셈이다.

4. M45 플레이아데스 산개성단. 반사성운의 대표적인 예.

5. M57 반지성운. 행성상성운의 대표적인 예다. 행성상성운은 태양 정도로 작은 별이 죽는 마지막 모습이다.

많은 천체를 가진 우주는 왜 검을까? 한때 우주는 무한히 크고, 그래서 별이 무한정으로 많으며 변화가 없는 안정된 상태라고 여긴 적이 있다. 이것이 사실이라면 우주의 어느 방향을 보아도 별로 가득할 것이다. 그리고 별들의 빛이 모여서 우주는 하얗게 빛날 것이다. 하지만 우주는 검다. 빛의 속도는 일정하고, 우주는 팽창하고 있기 때문이다. 먼 우주의 빛은 아직 도달하지 않았다. 빛이 붉은색으로 치우치고 어두워지는 것도 이유다.

우주가 탄생한 빅뱅 단계에는 온 하늘이 빛으로 가득 찼다. 그러나 인플레이션 단계를 거치고 계속 팽창하여 우주 공간의 온도가 내려갔다. 이제는 섭씨 영하 270도가량의 절대온도 0도에 가깝다(2.7K). 사람의 눈이 감지할 수 있는 가시광에서는 빛을 거의 내지 않는다. 우주의 배경하늘 온도인 2.7K에 해당하는 파장에서는 밝게 보이겠지만, 우리 눈은 보지 못하는 빛이다.

우리는 지구의 대기를 통과한 우주를 본다. 그래서 별이 없는 빈 우주도 마치 빛이 있는 듯 보인다. 특히 도시에서 나오는 빛은 대기에서 산란되어 다양한 색으로 우주의 검은 배경하늘을 밝힌다. 천문학자가 가장 싫어하는 빛이다. 대기는 우주에서 오는 빛을 흔들어서 별이 아름답게 반짝이도록 만들며, 색을 바꾸기도 한다. 고도가 낮으면 우주에서 오는 빛은 더욱 두꺼운 대기를 뚫고 지나와야 한다. 천체의 색이 붉어지는 것은 파란색처럼 짧은 파장은 산란되어 사라지고 파장이 긴 붉은색이 많이 투과되기 때문이다. 이런 현상은 결국 관측 오차로 나오게 되므로 천체 관측은 대기에 따른 흔들림이 적고, 고도가 높아 대기 효과가 적을 때가 좋다.

아폴로 우주선이 달에서 찍은 지구 사진은 무척 아름답다. 그 사진에서 지구 밖 우주 공간은 칠흑 같은 검은색이다. 천문학자가 천체를 관측하기에 가장 좋아하는 조건일 것이다. 그래서 우주망원경을 올린다. 지상에서는 눈으로 보는 가시광 영역과 약간의 적외선 영역, 전파 영역 외에는 대기가 빛을 흡수하여 관측할 수 없다. 일단 대기를 벗어나면 이런 제약 없이 모든 파장 대역을 다 관측할 수 있다. 대기에 의한 빛의 흔들림이나 색 변화 같은 많은 문제점도 사라진다. 천체의 본질적인 색을 이해하기 쉬워지는 것이다. 그래서 미래에는 달에 거대한 망원경이 건설될 거라고, 천문학자라면 의심하지 않을 것이다.

↑ 보현산천문대의 여름 은하수.

→ 1997 헤일-밥 혜성. 보현산천문대에서. 옆으로 뻗은 흰색에 가까운 꼬리는 혜성이 진
행 방향으로 뿌리고 온 먼지꼬리이며, 위로 뻗은 파란색은 태양풍에 날리는 이온꼬리이다.

오랜 천문대 생활을 하면서 개기일식 때 태양의 대기인 뿌연 코로나 안쪽의 이글거리는 빨간 홍염을 보았고, 은하수의 화려함에 넋을 잃기도 했다. 비가 오듯 쏟아지던 2001년 사자자리 유성우는 잊지 못할 추억이다. 1997년 봄, 몇 달 동안 덩그러니 떠 있던 헤일-밥 혜성 이상의 멋진 혜성과 아직 보지 못한 오로라의 화려한 빛줄기를 조만간 만나길 기대해본다.

감정을 비추는 색깔

나의 부끄러운 빨강

빨강 하면 부끄러움부터 떠오르는 게 아니라 열정이나 화려함 따위를 떠올리게
될 수 있을까? 색을 변하게 할 수는 없지만 온도는 변할 수 있을 거 같다. 뜨겁고
붉은 내가 점차 따뜻해지고, 때론 미지근해졌으면 좋겠다. 무미건조한 게 아니라
불같이 뜨겁다가 적당히 따스하고, 때로는 미지근하게 은근한 사람이 되고 싶다.

글 백세희(《죽고 싶지만 떡볶이는 먹고 싶어》 저자)

© 미쓰 홍당무

대학교 3학년 때 발표수업이 있었다. 40명 정도 모여 있는 강의실이었고, 나는 떨리는 마음을 진정시키며 입을 뗐다. "저는 긴장하면 얼굴이 아아주 빨개집니다. 고등학교 때 별명은 레드인간이었어요. 혹시 발표를 들으시다가 제 얼굴을 봐도 너무 놀라지 마세요."

사람들은 웃었고, 나는 안심했다. 다행히 무사히 발표를 마쳤다. 29년 동안 꽤 많은 별명을 들으며 자랐다. 그중 기억에 남는 별명은 몇 개 되지 않는데, 가장 흔한 건 백세주, 백세카레였고, 백 살 먹은 마귀할멈이라는 별명도 있었다(친언니는 백설공주였는데, 나는 왜…). 그중에서도 단연 기억에 남는 별명은 레드인간이다. 고등학생 때였는데, 누가 지어주었는지는 기억이 나질 않는다.

고등학교 2학년 체육대회 날이었다. 5월 중순은 초여름처럼 더웠고, 우리 반은 피구 시합 중이었다. 나는 바글거리는 아이들 틈에서 열을 내지 않으려고 심호흡을 하고 몸을 최소한으로 움직였지만 서서히 얼굴로 피가 몰리기 시작했다. 한번 빨개지기 시작하면 걷잡을 수 없어지기에 마음이 조급해졌고, 어딘가로 숨고 싶었다. 아이들이 심각하게, 또는 이상하게 바라볼 게 뻔했기 때문이다. 나는 그 시선이 싫었다.

그때 어떤 친구가 날 보며 외쳤다. "어? 레드인간이다!" 모두가 날 보며 빵 터졌다. 사실 지금 생각해도 창의적인 별명이기는 했다. 그날 이후로 내 별명은 레드인간이 되었고, 나는 꽤 쿨해 보이고 싶은 학생이었기에 나를 희화화하며 먼저 그 별명을 언급하기도 했다.

나는 얼굴이 잘 빨개지는 사람이다. 선천적으로 피부가 얇고, 오랜 스테로이드 연고 사용으로 모세혈관이 확장되어 안면홍조가 있다. 여기서 빨개진다는 건 보통 사람처럼 살짝 상기된 정도가 아니라, 정말 빨간색이 된다. 내 얼굴이 빨개질 때마다 사람들은 '얼굴이 왜 이래? 얼굴에서 피나는 줄, 더워 먹었구나, 얼굴이 익었네 익었어.' 따위의 말들을 망설임 없이 해댔고, 그땐 그 말들이 무례하다는 걸 잘 몰랐다. 하지만 수치스러운 감정에는 늘 면역이 없었다. 빨간 얼굴은 매번 나를 부끄럽게 만들었고, 나는 부끄러울 때마다 빨간 얼굴이 되곤 했다. 그렇기 때문에 내게 빨강과 부끄러움은 동의어나 마찬가지다.

어릴 때부터 날 부끄럽게 만드는 일은 아주 많았지만, 지금 와서 생각해보면 부끄러움의 이유는 언제나 타인에 있었다. 초등학교 1학년 시절 바지에 똥을 쌌을 때, 반장선거에 나갔는데 달랑 한 표를 받았을 때, 친구들에게 왕따를 당했을 때, 친구들이 좋지 않은 피부를 보며 놀렸을 때, 가난 때문에 비교당했을 때 등등. 타인이 없었다면 부끄러워할 일도 아니고 부끄러운지도 몰랐을 일들. 특히 가난이 부끄러운 일이라는 건 어른들 때문에 알게 됐다.

타인을 과도하게 의식했기에 부끄러운 일이 잦았고, 그래서 얼굴이 자주 빨개졌다. 대학교 때는 발표나 토론에 자신이 없어서 무시당할까 봐 두려웠고, 내가 쓴 글이 별로라서 부끄러웠다. 직장에서는 일을 못하는 거 같아서, 소개팅할 때는 상대가 날 마음에 안 들어 할까 봐 불안했고, 그 마음이 또 부끄러웠다.

© 미쓰 홍당무

서른을 앞둔 지금은 예전처럼 얼굴이 빨개지지는 않는다. 부끄러움 때문에 얼굴이 빨개지는 감정홍조는 항불안제로 어느 정도 컨트롤할 수 있기 때문이다. 감정의 동요를 눌러주기 때문에 평정심을 유지할 수 있다. 그렇다고 부끄러운 일이 아주 없어지는 건 아니었지만.

영화 〈미쓰 홍당무〉의 주인공 양미숙은 안면홍조증을 앓고 있다. 심통 난 얼굴로 "내가 뭐 어때서!"라고 외치는 그녀는 누가 봐도 비호감 캐릭터. 세상은 불공평하다고 말하고, 늘 남들을 탓하고 욕하던 그녀는 영화 말미에 서 선생의 딸 종희에게 이렇게 말한다. "너는 정말 내가 안 창피해? 사실 난 내가 너무 창피해."

남들이 자신을 무시한다는 피해의식에 사로잡혀 있던 양미숙은 결국 스스로 자신을 부끄러워한다는 사실을 폭로하고 만다. 내가 별로라는 거 나도 안다고, 특유의 빨개진 얼굴로 말이다.

이십 대 중반까지 타인 때문에 자주 전전긍긍하고 부끄러웠다면, 지금은 나 자신 때문에 부끄러운 일이 많아졌다. 사실 타인 때문에 부끄러웠다고 생각하던 어린 시절도 내가 나를 부끄러워했기에 느끼던 열등감일 수도 있다. 내 안에 없는 건 절대 느끼거나 알아챌 수 없으니까. 나는 자주 부끄러움을 느끼고, 그래서 내가 싫은 날이 많았다. 심한 날에는 내가 없는 곳으로 가고 싶었다. 타인은 전혀 알 수 없는데 나 자신만은 알고 있기에 부끄러운, 비밀 같은 일들 때문에 말이다.

나는 옷 속에 감춰진, 매일 긁어서 붉게 상처 난 피부가 싫었다. 매번 원피스로 가리는 두껍고 군살 많은 허벅지도, 야식과 술로 차곡차곡 쌓아온 뱃살도, 내 글에 자신이 없어서 남의 글을 한참 동안 훔쳐보며 질투하고 좌절하면서도 글을 쓰지 않는 게으름도, 약자와 소수자를 위한다고 떠들면서도 행동하지 않는 위선도, 타인을 비웃고 무시하면서도 아닌 척하는 음흉함이, 아주 많이 부끄러웠다. 어릴 때보다 교활해져서 완벽하게 숨길 수 있다는 사실이 더 부끄러웠다. 하루에도 몇 번씩 나 혼자 부끄러워서 얼굴을 붉히는 일들이 늘어갔다.

하지만 요즘에는 나를 지키기 위해 합리화를 받아들이려 하고 있다. 부끄러움은 적어도 나아질 수 있는 여지를 내포하는 일이라고 자위한다. 생각만큼 행동할 수 없다면 말이라도 뱉어놓고 지켜가자고 다짐한다. 어차피 살아가는 동안 부끄러운 일은 일어나기 마련이니까. 우리는 모두 미완의 삶을 살아가고 있을 테니까.

나는 보다 완벽한 나를 원했다. 나 자신이 부끄러워서 더 더 완벽해지고 싶었다. 하지만 이제는 부족한 나를 채워가는 방법을 연구하며 부끄러움을 줄여가려는 중이다. 아직은 더디고 멀었지만 말이다. 내년이면 서른이 된다. 빨강 하면 부끄러움부터 떠오르는 게 아니라 열정이나 화려함 따위를 떠올리게 될 수 있을까? 색을 변하게 할 수는 없지만 온도는 변하게 할 수 있을 거 같다. 뜨겁고 붉은 내가 점차 따뜻해지고, 때론 미지근해졌으면 좋겠다. 무미건조한 게 아니라 불같이 뜨겁다가 적당히 따스하고, 때로는 미지근하게 은근한 사람이 되고 싶다. 사실 나 자신에게 당당해질 수 있다면 참 좋겠다.

색깔 은유법 정복기

알록달록 우선순위 영단어

색깔은 많은 것을 말한다. 누군가의 표정과 감정, 계절의 변화와
시간의 흐름, 국가나 단체, 성격과 기질까지. 이렇게 사람들의 마
음과 기분을 전달하는, 언어로 정착한 색깔을 단어장으로 정리했
다. 마지막엔 시험도 볼 예정이니 열심히 읽을 준비 하고, 출발!

에디터 이자연

색깔을 표현하는
영단어 몇 가지

① **피치 블랙** Pitch Black　　강렬하게 어두운 검정색. 'Black'이 '정점'을 의미하는 'Pitch'와 함께 쓰이면서 '칠흑같은 검정색'이란 뜻이 된다.

② **제트 블랙** Jet Black　　머리카락과 눈동자를 묘사할 때 주로 쓰이는 어두운 검정색. 여기서 'Jet'는 '흑요석'을 의미한다.

③ **스칼렛** Scarlet　　밝은 빨간색. 영국의 전통적인 우편함 색깔이기도 하면서, 소설 《주홍글씨》의 낙인 표시의 색깔이기도 하다.

④ **크림슨** Crimson　　진한 어두운 빨간색. 얼굴이 빨개졌을 때 'Go crimson'이라고 표현하기도 한다.

⑤ **쇼킹 핑크** Shocking Pink　　극도로 밝은 분홍색을 가리키는 말이다.

⑥ **진저** Ginger　　'생강'을 의미하기도 하는 'Ginger'는 오렌지빛이 나는 빨간색을 말한다. 오렌지빛 머리카락이나 고양이 털을 표현할 때 자주 쓰인다.

⑦ **네이비** Navy　　어두운 파란색. 옷 색깔에 주로 쓰이고, 눈동자 색을 표현할 땐 잘 쓰지 않는다.

⑧ **터쿼이즈** Turquoise　　초록빛이 맴도는 푸른색. 패브릭이나 페인트, 바다 빛깔을 묘사할 때 자주 쓰는 단어다.

⑨ **마우지** Mousy　　머리카락을 나타내는 색깔. 보통 칙칙한 갈색을 띠는 머리카락을 의미한다.

⑩ **체스트넛** Chestnut　　어두운 붉은빛이 맴도는 갈색. 머리카락이나 말馬의 생김새를 표현할 때 쓴다.

색깔로 마음을 빗대는
몇 가지 단어

GREEN

1 구역질이 나는(=nausea)
Go green 메스꺼워하는
People who are seasick often go green
배 멀미 있는 사람들은 종종 메스꺼워해

2 질투하는
Green with envy 몹시 샘내는
The boy looked green with envy when his broth-
er played with others
그 소년은 형제가 다른 아이들과 놀 때 몹시 샘냈다

3 자연의, 푸른
Let's go for a green tourism
환경을 위한 여행을 가자!

BLACK

1 우울함, 희망 없음
Black future 어두운 미래
I don't want a black future to come to us
우리에겐 어두운 미래가 오지 않기를

2 비합법적인, 불법의, 틀린
Black sheep of the family 골칫덩어리
Black market 암시장
During the war, many people bought many go-
od on the black market
전쟁 중에 많은 사람들이 암시장에서 물건을 샀다

RED

1 분노, 분개

She looks red due to the car accident

그녀는 자동차 사고 때문에 매우 화가 나 보였다

2 위험

Red flag (위험 신호를 알리는) 적색기

Red alert 적색경보

Fire! Let the red alert ring

불이다! 적색경보를 울리자!

3 특별한

A red-letter day 기념일

Red carpet 레드 카펫

He put a long red carpet in front of her house
because of their red-letter day

그는 둘의 기념일을 맞이해서 그녀의 집 앞에 긴 레
드 카펫을 두었어!

4 (정치) 좌익의

Red point of view 좌익의, 좌파의

He has a red point of view. He always reads the
related books

그는 좌파의 의견을 갖고 있어. 그래서 항상 관련된
책을 읽지

WHITE

1 순수, 명확

The little girl is white as snow

그 아이는 눈처럼 순수해

2 하얗게 질린, 창백한

White as a sheet 죽은 사람처럼 핏기가 없
는, 창백한

White knuckle 공포를 일으키는, 겁에 질린

A new white knuckle ride has been made at a
theme park

놀이공원에 엄청나게 무서운 새 놀이기구가 생겼대

3 사무직의

White collar 사무직의

She works at the office. She's a white-collar
worker

그녀는 사무실에서 일해. 사무직이거든

BLUE

1 우울

It's rainy. I feel blue

비가 내린다. 조금 우울해

2 포르노나 성관계를 지칭하는 것

Blue movie 성인 영화

Blue joke 음담패설

The things such as blue movie or blue joke are
banned in school

학교에서는 성인 영화나 음담패설 같은 것들이 금
지돼 있어

3 육체적인

Blue collar 육체 노동자

He chose to be a blue collar, not white collar

그는 사무직 노동자가 아닌 육체 노동자가 되기로
했다

들어는 봤나
컬러풀 우선순위 영단어

Out of the blue
예기치 않게, 언질도 없이, 갑자기

That storm came out of the blue and I couldn't avoid at all
폭풍우가 갑자기 몰아쳐서 피할 길이 없었어

Green with envy
몹시 샘내는, 질투가 강한

James looked so green with envy when he got to know his friend bought the new car
제임스는 자기 친구가 새 차를 산 걸 알았을 때 엄청 질투하더라고

Gray area
명확하지 않은 것, 정의되지 않은 것

Where to go for holiday this summer is a gray area right now. It's up to budget
다음 여름휴가에 어디 갈지 아직 안 정했어. 예산에 달려 있어

Caught red-handed
~의 현행범으로 잡히다

A man was caught red-handed while stealing the jewel
그 남자는 보석을 훔치다가 현행범으로 잡혔어

Green thumb
정원 일에 매우 능숙한

My mother has a green thumb. She can make anything grow
우리 엄마는 정원 일에 매우 능숙해. 모든 것을 자라게 할 수 있다니까

Black sheep
남들과는 조금 다른, 외톨이

Rachel is a black sheep in her family because she is an only artist while others are all doctors
레이첼은 가족들과는 조금 달라. 가족이 다 의사인데 그녀만 예술가거든

Once in a blue moon
아주 드물게 한 번씩

We used to be able to see my grandfather's smile once in a blue moon
우리는 아주 드물게 한 번씩 할아버지의 미소를 볼 수 있었어

Take the red eye
밤에 출발해서 아침 일찍 도착하는 야간 비행

I'm too tired to take the red eye from L.A. to New York
L.A.에서 뉴욕까지 야간 비행으로 가기에는 내가 너무 피곤해

Tickled pink
몹시 기쁜, 아주 행복한

I heard you called your grandparents. That's why they looked tickled pink so much
네가 할머니, 할아버지에게 전화했다는 얘기 들었어. 어쩐지 그래서 두 분이 엄청 행복해 보였구나

White lie
선의의 거짓말

I told her a white lie even though I didn't like her dress in order to make her satisfied with her choice
나는 비록 그녀의 옷이 마음에 들지 않았지만, 자신의 선택에 만족할 수 있도록 선의의 거짓말을 했다

이제 시험 볼 테니까
모두 책 덮어

시험과 성적이 모든 지식의 정도를 나타낼 수는 없지만, 그래도 공부한 게 있으니 테스트를 보는 게 인지상정! 시험 시간은 15분, 최선을 다해주시길 바랍니다. 시작!

다음의 상황에 알맞은 답변을 골라 보세요.

1. That boy looks a little bit green. ___

2. James is in a blue mood these days. ___

3. This TV program always makes him see red. ___

4. This question is a bit of grey area, right? ___

5. Do you like white knuckle rides? ___

6. White-collars need the qualifications. ___

7. They are going to vote for the Greens. ___

A. No, they make me feel sick. ___

B. Yes, it's not clear yet about what to do. ___

C. Sure, they need to study more about their field. ___

D. I think he's going to be sick. ___

E. Yes, they want to do their bit for the environment. ___

F. Yes, he can't stand the presenter. ___

G. After his mother's death. ___

보기 중 골라 다음 상황에 알맞은 것을 넣으세요.

Once in a blue moon	Take the red eye	Tickled pink
White lie	Out of the blue	Green with envy	Gray area
Caught red-handed	Green thumb	Black sheep

8. 나는 1년에 한번이나 되어야 겨우 그를 만날 수 있어. _____

9. 인애가 꾸벅꾸벅 졸길래 편집장님한테는 조는 거 아니고 헤드뱅잉이라고 했어. _____

10. 혜미는 죽은 식물도 살려내는 정원사 솜씨를 갖고 있어. _____

11. 나는 자연이의 마음을 알 수 없어. 걘 늘 불확실하다니까. _____

12. 우리 내일 휴가래! 와우! 난 정말 지금 기분 째져! _____

13. 원정은 6시에 칼퇴했어. 지난 주말 야간 비행을 타고 왔다고 하더라고. _____

14. 혜원이는 나를 자꾸 괴롭혀. 내 마음 속에서 완전 골칫덩어리야! _____

15. 뭐? 혜미가 휴가를 받았다고? 나도 같이 쉬고 싶은데. 정말 질투나 미치겠어. _____

16. 고양이들이 내 자리에 있던 간식을 몰래 먹다가 완전 들켰잖아. 아주 현행범이라고! _____

17. 나 로또에 당첨됐어! 정말 예기치 못한 건데 신난다! 오늘은 점심 내가 쏜다! _____

다음 상황과 잘 어울리는 색깔을 짝 지어 보세요.

18. 위험해! 이 길은 운전하기 아주 위험한 곳이야.   •

19. 자연과 가까운 곳이라면 늘 마음이 편안해.   •
                                      • WHITE

20. 비가 내리니 조금 우울하다.   •
                                      • RED

21. 눈을 감아봐. 뭐가 보여? 그게 너의 미래야.   •
                                      • BLUE

22. 그 애는 순수해서 내 거짓말을 모두 믿어.   •
                                      • GREEN

23. 너 왜 이렇게 울그락 불그락하니? 그 애 말에 질투하는 거야?   •
                                      • BLACK

24. 이 마약은 암시장에서만 구할 수 있는 거랬어.   •

ANSWERS

1. D **2.** G **3.** F **4.** B **5.** A **6.** C **7.** E **8.** Once in a blue moon **9.** White lie **10.** Green thumb

11. Grey area **12.** Tickled pink **13.** Take the red eye **14.** Black sheep **15.** Green with envy

16. Caught red-handed **17.** Out of the blue **18.** Red **19.** Green **20.** Blue **21.** Black **22.** White **23.** Green **24.** Black

고집의 흑백

I AM NOT A PHOTOGRAPHER

어느 사진가가 했던 말을 시작으로 흑백사진을 찍고 있다.
누구에게 보여주기 위해서가 아니라, 나의 고집을 위해서.

글·사진 박선아

호기심을 불러일으키는 물건으로
쇼윈도를 꾸미듯이

친구와 술을 마시다가 한 포토그래퍼에 대한 얘기가 나왔다. 친구는 조심스레 그녀의 예전 사진이 좋았다고 말했다. 들어보니 그 포토그래퍼가 SNS에 사진과 함께 글을 적는 요즈음의 방식이 아쉬운 눈치였다. "사진이나 그림은 설명 없이도 전할 수 있는데, 왜 거기에 글을 더하는 걸까?" 집으로 걸어가면서 친구의 질문이 자꾸 떠올랐다.

SNS는 창작자에게 약과 독의 역할을 동시에 하는 것 같다. 스스로 자신의 창작물을 내보일 수 있고 타인의 힘을 빌리지 않고 작업을 알릴 수 있어 유용하다. 소통의 재미도 있을 것 같다. 다만 원하는 포맷이나 레이아웃을 만들기 어려운 구조고, 직접적인 피드백을 받는 일이 때로 해가 되기도 한다. 누군가의 시선을 신경 쓰지 않고 계속 작업을 해나가야 할 때가 있는데, 밀접하고 빠른 반응이 오히려 방해가 되는 거다. 하트 개수나 팔로워, 방문자 통계 같은 숫자로 보이는 일도 혼란스럽기도 하고. 그 안에서 창작물을 올리는 이들에게는 저마다 고민이 있을 거다.

남의 얘기처럼 썼지만, 사실 내 얘기이기도 하다. 팔로워가 늘어나면 늘어날수록 원고를 인스타그램에 올리는 일이 두려워진다. 아끼는 사진을 올렸는데 하트 수가 적으면 어쩐지 서운한 느낌이 들기도 하고, 어쩌다 셀카를 올리면 왜 그렇게 언팔이 많아질까. 쿨하게 외면해보려고 나름대로 여러 시도를 해봤는데 남의 시선을 전혀 의식하지 않는 것은 어려웠다. 그렇다고 내가 만든 것을 알릴 수 있는 통로를 없애기는 아깝고, 여전히 그 세계에 머무는 일은 재미있기도 하다. 그래서일까. 언제부턴가 자연스레 정말 소중한 것은 아껴 두게 되었다. 완성된 글이나 좋아하는 사진은 되도록 블로그나 잡지, 단행본을 통해서 선보인다. 그보다 더 중요한 것들은 가까운 사람들에게만 보여준다. 마치 비밀스러운 상점의 쇼윈도 같달까. 누군가의 호기심을 불러일으키기에 적당한 것들을 꺼내 보기 좋게 진열하는 것이다. 그 가게에 있는 가장 좋은 물건일 수도 있지만, 들어와서 보기 전에는 가격도 알 수 없고 어느 물건이 더 있을지 알 수 없다.

흑과 백 사이의
고집이랄까

"흑백사진만 찍는 이유가 몇 가지 있는데 그중 하나가 고집스럽기 때문입니다. 제가 사진을 시작했을 때 컬러사진은 상업용으로만 쓰이거나 인화가 아주 비쌌어요. 결국 그 당시엔 모두 흑백사진을 찍었는데 저는 고집 때문에 거기서 바꾸지 않은 거죠. 컬러사진과 인화 비용이 감당할 수준으로 떨어졌지만 저는 흑백사진에 무척 몰두해 있었어요. 흑백사진에는 톤이 있습니다. 흑과 백 사이 무수히 드러나는 회색의 톤이 있죠. 어둠에서 밝음으로 펼쳐집니다. 음악에도 음조가 있지요. 소리가 낮은 음에서 높은 음으로 가는 거죠. 각각의 음조마다 감성이 서려 있습니다. 사진에도 시각적인 톤뿐만 아니라 감정적인 톤이 담겨 있습니다. 만약 사진을 매우 어둡게 만든다면 톤은 매우 어두워집니다. 어둠 속에 담긴 톤들이 조금씩 변하는 걸 보는 것이 진정 흥미롭습니다. 밝은 톤의 사진을 만들 때도 마찬가지예요. 밝은 톤 안에서도 변화가 있지요. 톤과 흑과 백에 대한 생각에 저는 대단히 사로잡혀 있습니다." 이진주 감독의 〈그저 바라보는 것의 신비〉라는 다큐멘터리에서 사진가 필립 퍼키스가 한 말이다.

어릴 때, 듣기 싫어하던 말 중 하나가 "선아는 고집이 세요."였다. 선생도 부모도 친구도 모두 내게 고집이 세다고 했다. 그게 나를 무시무시한 사람으로 만드는 것 같았다. 고집을 꺾는 일에 최선을 다했다. 누구의 말이든 고개를 끄덕이며 들었고, 내 생각과 다르면 다르다고 말하지 않고 상대의 의견을 이해하는 일로 시간을 보냈다. 그렇게 시간을 보냈더니 언제부턴가 내 주변에는 온화한 단어들이 머물게 되었다. 부모와 친구는 더는 내게 고집이라는 단어를 말하지 않는다. 바라던 일이었는데 왜 그게 불편할까. 구제불능이다. 말을 하다 누군가와 싸우기도 하고, 아니라며 눈을 부릅뜨기도 했었는데 왜 이제는 매일 웃고만 있을까. 머뭇거리거나 서성이다가 결국 아무 말도 못 하고 마는 나 자신에게 속이 상할 때가 있다.

그런 와중에 필립 퍼키스가 흑백사진에 대해 말하는 영상을 보게 된 거다. 그 부분을 여러 번 돌려보았다. 자신의 고집을 이야기하는 노인의 눈과 주름, 손짓 같은 걸 보고 있으니 나도 흑백사진을 찍어보고 싶어졌다. 필립 퍼키스가 말한 흑백사진과 내가 찍는 흑백사진에는 차이가 있을 거다. 시간 차도 상당하고 세월이 만들어준 생각을 나는 이해할 수 없을 거다. 그럼에도 그의 말을 시작으로 흑백사진을 찍게 된 것은 "그냥"이다. 이유 없이, 하고 싶은 대로 해보고 싶었다. 색에 익숙한 세대이고, 굳이 흑백을 고집할 이유가 없지만, 흑과 백 사이의 무수한 톤이라는 것도 알아가고 싶고, 그러다 보면 내게도 고집 비슷한 게 생길까, 하는 기대도 있다.

색들이 색을
잃어버리는 순간에

한동안은 흑백 필름을 샀다. 현상과 인화를 직접 해보기 위해 암실 수업도 늘었는데, 아무래도 비용이 많이 들어 유지하기 어려웠다. 선생님이 암실에서 일어나는 모든 일을 하나의 창으로 옮겨둔 것이 포토샵이라고 알려줬다. 여러 도구나 빛, 시간을 활용해서 사진을 만지던 일을 간편하게 하나의 창으로 옮겨둔 것이다. 요즘은 컬러 필름으로 찍은 예전 사진들을 포토샵을 통해 흑백으로 바꿔보고 있다. 돈이 들지 않고, 원하는 방식대로 다양하게 작업해볼 수 있어 편리하다. 디지털카메라나 휴대폰에 있는 흑백 모드로 촬영도 해본다. 흑백사진이 컬러로 변하는 걸 지켜보던 옛사람들은 어땠을까. 신기했을까. 컬러사진이 흑백으로 변하는 걸 지켜본 나는, 편안하다. 눈이 지나치게 색에 길들어 있었다는 걸 알았다. 색이 사라지는 것만으로도 복잡한 어떤 일들이 단순해지는 것 같았다.
흑백사진 작업을 하며 알게 된 사실, 나는 아마 앞으로도 누군가들 앞에서 내 고집을 뚜렷하게 말하는 사람이 되지 못할 거다. 나름의 세월에 걸쳐 나는 나를 바꿔왔고 이 방식이 내 잠자리를 편안하게 만들어준다는 사실을 알고 있다. 굳이 고집을 부려 집에 가서 '이불킥'을 하게 되는 말이나 행동을 애써 하지 않을 거란 걸 안다. 다만, 그런 방식 대신 내 일기장이나 컴퓨터 한구석에 고집을 기록해두고 있다. 누구의 시선이나 평가, 말할 필요가 없는 자리에서 나만의 일을 해보는 거다. 필립 퍼키스 할아버지의 나이 정도가 되면 어쩌면 "이것이 내 고집이오."라고 말할 수 있을까.
만드는 이만 치열한 고민을 해야 하는 것은 아닐 거다. 만들어진 것을 보는 이에게도 고집이 필요하다. 타인이 무엇을 만들었든 '나'는 '나'의 삶을 토대로 당신이 만든 것을 이해해보겠다는 자신감이라던가, 한 장의 사진을 빠르게 스쳐 보내지 않고 오래 들여다봄으로써 그것에 의미를 만들어주겠다는 의지라던가. 그런 식의 태도가 또 누군가에게 무엇인가를 만들어볼 수 있는 용기를 줄 수 있을 것이다.

SIGMA

촬영 : Oliver Anrigo ｜ 조리개 : F20 ｜ ISO : 100 ｜ 셔터 스피드 : 1/125 ｜ 초점거리 : 60mm

표준에서 초망원까지
광학 10배 만능 줌 렌즈

⑤ Sports

60-600mm F4.5-6.3
DG OS HSM

Case, Hood(LH1144-01), Cover Lens Cap(LC-740E), Shoulder strap,
Built-in Tripod socket(Non-detachable) included.

보라보라 사람들

환상의 빛

처음 그곳을 알게 된 건 서울의 시끄러운 지하철 안에서였다. 친구가 자기 교수님의 작품이라며 보여줬는데, 보라색과 주황색의 실크 원단이 바람에 휘날리고 있는 사진이었다. 원단 색이 예쁘다는 나에게 친구가 뭔 소리냐며 웃었다. "앤텔로프라는 협곡이야. 미서부에 있는데 여기 들어가서 사진을 찍으면 이렇게 색이 죽이게 나온대." 다시 보니 돌이었다. 엄청나게 큰 돌이 빛을 받아 다채로운 색으로 일렁이고 있었다. 순간 덜컹거리던 지하철 소리가 사라졌다. 사방이 고요해졌다. 그리고 얼마 전, 외가 식구들과 함께 가기로 한 미서부 여행 일정에서 다시 그 이름을 보았다.

글·사진 김태연

그곳으로
가는 길

새벽같이 도시를 빠져나온 12인승 렌터카는 고속도로를 따라 빠르게 질주했다. 덕분에 어른들의 허리가 뻐근해지기 전에 목적지인 앤텔로프 협곡에 도착했다. 아직 이른 시간인데도 차들이 빼곡하게 주차되어 있어 놀랐다. 인디언 부족인 나바호Navajo족의 가이드 없이는 출입이 제한되는 지역이기 때문이다. 다양한 언어를 쓰는 관광객들이 예약 순서에 따라 팀을 이뤄 자신들의 가이드를 기다리고 있었다. 우리 가족도 대열에 합류했다. 그때부터는 어린이날 놀이기구를 타는 것과 비슷한 시간을 보냈다. 여기서부터 대기 시간 한 시간입니다. 여기서부터 삼십 분입니다. "태연이 여기 이렇게 사람 많은 거 알았니?" 둘째 이모는 별 뜻 없이 물었는데, 어째서인지 이곳에 사람이 많은 것이 내 잘못처럼 느껴졌다. 무엇보다 이 뜨겁고 건조한 태양 아래 여든을 앞둔 가족들이 서 있는 모습을 보니 죄책감이 들었다. 실없는 농담을 던지고, 물을 나눠 마시고, 사진을 찍어드렸다. 마침내 우리의 가이드가 다가왔다. "자 이제 앤텔로프 협곡 아래로 내려갑시다. 계단이 무척 가파르니 가족들에게 조심하라고 말해줘요."

그곳에 도착했을 때
벌어지는 일

협곡의 바닥에 가까워질수록 공기가 시원해졌다. 먼저 내려간 큰 이모부의 작은 탄성이 들려왔다. 바로 뒤이어 울리는 막내 이모의 웃음소리. 그것만으로 흥가분해지는 기분이었다. 햇빛이 우리와 함께 오랜 시간의 틈을 비집고 내려와 여러 색으로 쪼개지고 있었다. 계단을 유독 무서워하던 둘째 이모까지 바닥에 모두 도착하자 가이드가 설명을 시작했다. "이곳은 잃어버린 가축을 찾아 헤매던 어린 인디언 소녀가 우연히 발견한 곳이에요. 이 앞의 길은 한두 사람만 겨우 지나갈 만큼 좁으니 먼저 온 팀이 다 지나간 후에 이동할게요." 다시 기다림이었다. 계단 위쪽에서 소리가 들렸다. 다음 팀은 벌써 내려오고 있었다.

가이드를 따라 일렬로 서서 협곡 안으로 걸어 들어갔다. 고운 머릿결처럼 보이는 곡선들은 아주 오랜 시간 동안 빗물이 세차게 흐르며 깎아낸 것이라고 말했다. 따로 통역이 필요 없었다. 보는 순간 누구나 느낄 수 있었다. 이미 침식, 풍화, 사암 같은 단어들이 가족들에게 나오고 있었다. 가이드는 씽긋 웃더니 내 카메라를 가져가 사진이 잘 나오는 색온도로 조작해주고는 다시 설명을 이어갔다. 한 발 한 발 나아가는 엄마의 발자국을 따라 걷다가 위를 올려다보면 색이 계속해서 달라졌다. 노랬다가 붉었다가 푸르스름했다. 아름다웠다. 하지만 그 빛깔의 변화를 만끽하는 일은 쉽지 않았다. 하필 사진을 찍는 데 열중하는 앞 팀과 빠른 이동을 원하는 다음 팀 사이에 우리가 끼어버리는 바람에 상황이 복잡해졌다. 앞 팀의 가이드는 "여기서 찍어보세요.", "이 돌의 이름은:", "이 필터로 찍으면 잘 나와요."라고 외치는데 뒤 팀의 가이드는 "움직여.", "앞쪽으로.", "사진은 사진일 뿐."이라고 외쳤다. 사람들에게 떠밀려 나가는 좁은 통로가 계속되자 둘째 이모는 답답함을 호소했다. "갇혀 있는 느낌이야. 더 안 봐도 좋으니까 빨리 나가고 싶어."

앤텔로프 협곡. 환상의 빛이 있는 곳. 가족들과 함께 수천 킬로미터나 떨어진 이곳으로 여행을 오는 데는 적지 않은 준비가 필요했다. 계획을 세워야 했고, 일정을 조율해야 했고, 무엇보다 경비를 모아야 했다. 지금 이곳을 걷고 있는 다른 여행자들도 모두 그랬듯이. 그렇다면 그들은 예상했을까? 기대로 가득한 곳을 실제로 여행한다는 것이 어떤 의미인지를. 나는 잘 몰랐던 것 같다. 당이 떨어졌는지 발이 후들거렸다. 황홀하게 휘어지는 갈색 돌을 빠져나가면서도, 그저 신기루처럼 느껴졌다. 침대에 누워 초코케이크나 먹었으면 좋겠다는 생각을 했다.

그곳은 목적지가
아니었을지도 몰라

무사히 협곡을 나와, 다시 차를 탔다. 다음 목적지까지 또 한참을 달려야 한다고 했다. 이제 쉬고 싶어 하는 어른들과 하나라도 더 보여드리고 싶어 하는 사촌들 사이에 작은 실랑이가 있었다. 부모와 함께하는 여행은 자식의 마음과 부모의 체력 사이에서 합의점을 찾는 일인지도 모른다. 결국 다수결에 따라 숙소에 가기로 결정되자, 막내 이모부가 웃으며 말했다. "집 떠나면 개고생이여. 시원하게 소주나 한잔 허게." 모두가 따라 웃었다.

숙소로 가는 길에 비포장도로가 나왔다. 차가 흔들릴 때마다 뒤에서 여행 가방들이 부딪히는 소리가 났다. 보조석에 앉아 있던 나는 몸을 뒤로 돌려 차 안을 둘러보았다. 엄마가 살짝 고개를 들었다 다시 의자에 몸을 기댔을 뿐, 모두 미동도 없이 깊은 잠에 빠져 있었다. 차창 밖으로는 끝없이 이국의 풍경이 지나갔다. 쨍한 하늘과 들판 너머로 기묘한 돌산이 나타났다 사라졌다. 문득 가장 낯선 풍경은 바로 이 차 안에 있다는 생각이 들었다. 꾸벅꾸벅 함께 졸고 있는 외가 식구들이라니. 우리 엄마와 이모들, 이모부들 그리고 사촌들이 미서부의 도로를 달리고 있다는 사실이 새삼 믿기지 않았다. 한참을 돌아보고 있으려니 엄마가 물었다. "아가. 뭐 줘?" 나는 고개를 저었다. "아니야." 엄마는 내 대답을 들었으면서도 아이스박스에서 포도를 꺼냈다. "이거 먹어.", "아니라니깐.", "그럼 물 줄까?" 나는 보조석에 있는 물을 들어 보이며 말했다. "그냥 신기해서 보는 거야.", "뭐가.", "우리가 다 여기 있는 게."

엄마는 아무 대답도 없이 멈춰 있다가, 갑자기 눈가를 쓱쓱 닦아냈다. 나는 얼른 몸을 돌려 앞을 보고 앉았다. 거의 울 뻔했다. 찾는 것도 없이 선반을 열어 안을 더듬어보았다. 운전 중인 사촌이 헛기침을 했다. 옆을 보니 사촌이 울고 있었다. "…왜 울어?", "몰라. 그냥 눈물이 나." 덕분에 웃음이 터졌다. 사촌과 엄마는 한참 동안 조용했다. 나는 다시 창밖을 바라보았다. 다들 자고 있어서 다행이었다.

새로운
목적지

전에도 쓴 적이 있지만 모든 여행에는 여행자가 미처 알지 못하던 숨겨진 목적지가 있다는 말을 무척 좋아한다. 앤텔로프 협곡을 기점으로 이번 여행의 숨겨진 목적지는 장소가 아닌 사람들, 함께 여행하는 가족들이라는 것을 알게 되었다. 모두 조금씩 용기를 내주었던 것 같다. 우리는 점차 더 길고, 더 깊은 대화를 나누기 시작했다. 가끔은 미웠고, 피곤했고, 자주 막막했다. 하지만 도시에서 도시로 이동하는 시간이나, 유명 관광지에 들어가려고 기다리는 시간이 전처럼 지루하지는 않게 되었다.

엄마와의 대화가 제일 어려웠다. 대화를 하면 할수록 한 가지 생각만이 더 분명해졌기 때문이다. 엄마는 나를 몰랐다. 물론 나도 엄마를 몰랐다. 이제는 엄마를 안심시키기보다, 진짜 나를 보여주고 싶다는 생각이 들었다. 새로운 땅이어서 그랬을까. 모르겠다. 다만 내가 솔직해질수록 엄마는 더 당황했다. 말을 돌리기도 했고, 상처받은 표정이 되기도 했다. 이 정도의 속도라면 엄마는 곧 진짜 내가 누구인지 알게 될 것이다. 그건 곧 내가 엄마의 기대를 저버린다는 뜻이고, 엄마가 내게 무척 실망할 것이란 뜻이기도 하다. 하지만 무언가를 진짜로 쌓아가려면 일단은 허물어야 한다. 그래서 나는 조금은 슬프고 무척 기쁜 마음으로 엄마가 내게 실망할 그날을 기다린다.

칠이 벗겨진 자리에

고민이 없어서 고민인 사람

어느 날 라디오에서 흘러나오는 노래를 들으며 내 귀를 의심했다. "왜 난 고민이 없나~ 풍부하지 않고 그럭저럭 살아가니 그러겠지만~ 왜 난 고민이 없나~ 나도 같이 괴로워하고 싶네~"

글·그림 한승재

라디오에서 흘러나오는 노래는 산울림의 '왜 난 고민이 없나?'라는 곡이었다. '고민이 없어 고민이라니….' 철딱서니 없는 목소리로 불평하듯 내지르는 보컬이 딱 나를 보는 것 같았다.

어릴 때부터 친구들은 나에게 고민이 없어 보인다는 말을 자주 했다. 모든 소년이 어른을 향해 달려가는 이 중요한 시기에 고민이 없어 보인다는 말은 정말 듣고 싶지 않은, 아니 절대 들키고 싶지 않은 사실이었다. 칭찬인 건지, 한심해 보였던 건지, 그들이 어떤 의도로 그런 이야기를 했는지는 잘 모르겠지만, 나에겐 아무것도 모르는 철부지라는 뜻으로만 들려 어딘가 찔리는 구석이 있었다.

중학교 시절은 하루가 멀다 하고 인간이 진화하는 시기였다. 뒷자리에 앉은 친구들은 두 손을 주머니에 넣고 창밖을 바라보는 시간이 길어졌고, 이제 막 콧수염이 나기 시작한 아이들은 꼭 필요한 말이 아니면 입을 다물기 시작했다. 이 와중에 해맑은 사람은 나 하나뿐이었다. 심각해 보이는 녀석에게 "너 무슨 고민 있어?" 하고 물어본 적은 한 번도 없었다. 우물 같은 고민이 한두 개 정도는 있어줘야 하는 게 당연한 시기였기에, 그냥 나도 고민이 있는 척, 때때로 밝음을 숨기고 살아가야만 했다. 물론 모두가 겪는 자잘한 고민은 내게도 있었다. '쉬는 시간에 숙제를 베낄 것인가, 매점에 갈 것인가?' '성적표를 숨겨놓고 나중에 걸릴 것인가, 스스로 보여주고 빨리 혼날 것인가?' 매일처럼 반복되던 이 지긋지긋한 고민 속에서도 나는 결코 우수에 찬 눈을 가질 수 없었다. 〈죽은 시인의 사회〉를 보며 에단 호크처럼 우수에 가득 찬 눈을 가지려면 어느 정도의 시련이 필요한지 가늠할 수 있었다. '나도 여드름이 나면 고민이 생기겠지.' '나도 수염이 나면 고민이 생기겠지.' 이렇게 생각하며 조금 더 성장하기를 기다렸다. 본의 아닌 시련에 슬퍼하는 일이 일어나길 기다렸다. 재수, 삼수, 수능 보는 꿈, 군대, 그리고 군대 가는 꿈…. 다행스럽게도 어른이 되어가는 과정에서 몇 가지 시련을 만났다. 하지만 우수에 가득 찬 사람, 고뇌하는 사람이 되기엔 상당히 부족한 수준의 시련이었다. 내 몸은 누가 봐도 완전한 어른이 되었기 때문에 내가 어른임을 다른 곳에서 증명할 필요는 없었다. 나는 더 이상 활발함을 감추지 않았다. 다 큰 개처럼 활달하게 굴었고, 그럴수록 주변 사람은 더욱 피곤해했고 성가셔했다. 하지만 마음 한편엔 일종의 부재감을 늘 지니고 있었다. 예술을 하는 사람으로서 시련과 고난은 반드시 필요한 것이 아닌가 하는 생각 때문이었다.

어느 날 방 안이 붉은색 노을로 불타고 있었다. 노을은 손에 닿는 모든 것을 붉게 물들이고 있었다. 난 그것이 아름다우며, 폭력적이라고 생각했다. 노을의 붉은색은 웬만한 노력으로는 절대 가릴 수 없으며, 덧칠하거나 벗겨낼 수도 없다. 보이는 모든 사물에 스며들어 그것을 자기처럼 만들어버린다. 내가 생각하는 비극의 모습은 이런 것이었다. 불가항력적이고 아름다우며, 모든 것을 지배해버린다. 모든 사람들은 붉은빛 아래서 천천히 익어가고 있다. 운명에 순종하는 사람, 운명에 저항하는 사람 모두 그 자체로서 뜨겁게 빛나고 있다. 그런 사람들의 작품을 보면 기발한 생각이나 복잡한 수식 없이도 빛이 나는 것을 느낄 수 있다. 취미 혹은 자아실현의 도구로 글을 쓰면서 나는 늘 시련의 부재를 겪어왔다. 내 글을 색칠로 비유하자면 노을보다는 벽화에 가깝지 않을까 생각한다. 시련이 없는 사람은 그 자체로서 빛을 발할 수가 없다. 색을 칠하고 또 덧칠하며 언제나 새것인 상태를 유지한다. 창의적인 상태를 유지하고, 유머러스한 상황을 유지한다. 고민이 없는 사람의 눈에서 우수를 찾아볼 수 없는 것처럼, 벽화로 덮인 벽에선 어떤 질감도 느낄 수 없다.

매일 내 방은 이유 없이 붉은색으로 변했다. 어디선가 날아온 빛이 천장을 불그스름하게 물들이면, 몇 분 지나지 않아 내 방은 불이 붙은 것처럼 활활 타오르기 시작했다. 난 얼마나 둔감한지, 처음 몇 달간은 내 방에서 노을이 지는 것으로 잘못 알고 있었다. 그리고 어느 겨울, 두꺼운 눈 이불이 옆집의 낮은 지붕을 푹신하게 덮어버린 후에야, 비로소 그것이 노을이 아니었다는 사실을 깨닫게 되었다. 내가 노을이라고 생각한 붉은빛은 옆집의 주황색 지붕에 반사된 빛이었다. 옆집 주인은 사탕 껍데기처럼 조잡하기 짝이 없는 양철 지붕 위에 붉은색 페인트를 겁나게 처발라놓았다. 그 초라한 지붕에 튕긴 빛이 내 방에 숨어들면 이렇듯 우아한 걸음을 걸었던 것이다. 주인의 허락도 없이 문을 열고 들어온 빛은 내 방의 모든 것을 만지고 다니며 붉게 물들였다. 하루가 끝나갈 무렵이 되면 지나간 하루에 대한 아쉬움과 뿌듯함이 붉은색으로 밀려왔다. 그리고 완전한 몰입의 시간이 시작되었다. 하찮은 경험일지라도 그것이 다른 사람을 물들일 수 있을지도 모른다는 생각이 들었다. 나는 남은 하루를 김밥 꼬투리처럼 대강 매듭짓지 않았다. 내 방의 붉은빛과 함께 오늘을 꼼꼼하고 단단하게 매듭지어 어제로 떠내려 보냈다. 시련의 부재에도 불구하고 나는 기어이 책을 한 권 만들어냈다. 몇 해 전 그렇게 완성한 내 첫 책의 서문엔 이런 문장을 적어 넣었다. '매일 내 방을 붉게 물들이는 주황색 지붕에게.'

얼마 전 십여 년째 지나던 골목에서 마음에 드는 벽을 하나 발견했다. 오래전 분홍색 수성페인트를 칠해놓은 콘크리트 벽인데, 시간이 지나 때가 타고 비를 맞으면서 점점 우아한 모양으로 번져가고 있었다. 콘크리트 표면의 실금과 색 바랜 표면이 흡사 사람의 피부조직을 보는 것처럼 자연스러운 패턴을 만들고 있었다. 시련의 부재에도 나름의 질감을 완성한 늙은 벽을 보며 나도 언젠가 저렇게 될 수 있겠지 생각했다.

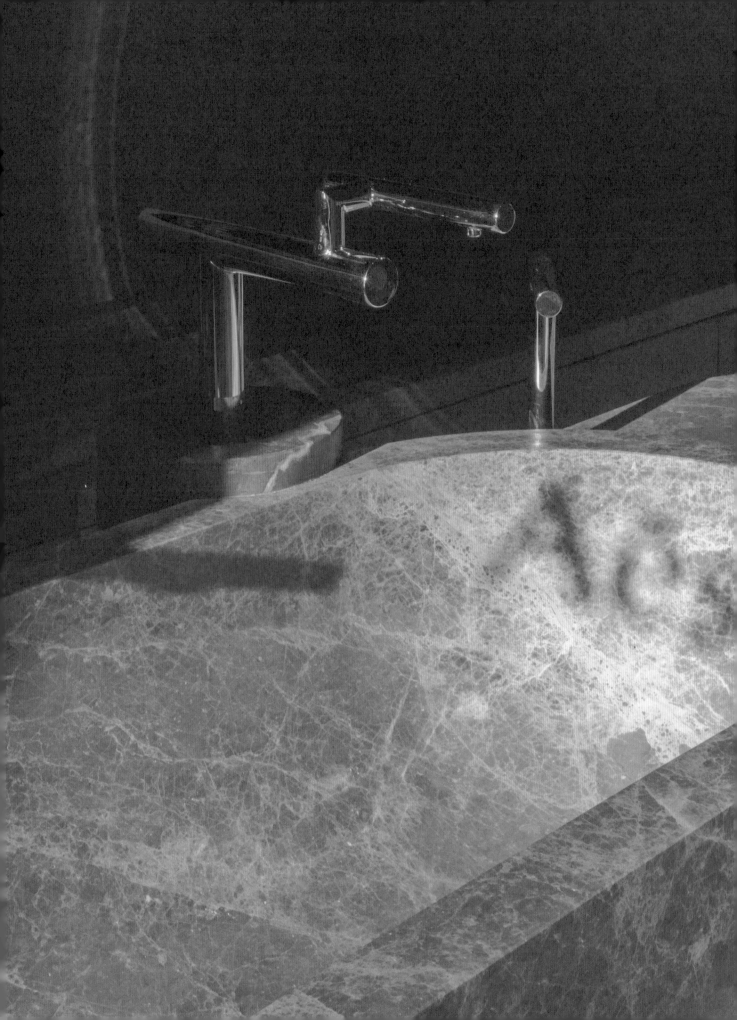

로마의 색을 담은

이솝 Aesop

산 로렌조 성당은 393년에 처음 지어졌다. 지금의 건물은 메디치가의 후원을 받던 브루넬레스키의 설계를 바탕으로 다시 지어진 것으로, 최초의 르네상스 양식 성당으로서 가치가 높은 성당이다. 이 성당이 자리한 광장에 성당과 로마의 깊은 역사를 담은 공간이 생겼다. 무거우면서도 따뜻한 기운이 감도는, 수도원 같은 곳. 사람들은 이곳에서 정신과 몸의 치유를 받는다.

에디터 **정혜미** 취재 협조 **이솝**

Aēsop.

영화감독과 로마, 그리고 이솝

로마의 첫 스토어인 루치나 지역의 이솝 산 로렌조 스토어Aesop San Lorenzo Store는 영화 〈콜 미 바이 유어 네임〉 감독 루카 구아다니노Luca Guadagnino와 이솝의 첫 번째 컬래버레이션 프로젝트다. 루카 감독은 스토어를 설계하며 발 닿는 곳곳에 역사적인 의미를 간직하고 있는 아름다운 도시 로마에서 많은 영감을 받았다. 잃어버린 로마의 모습, 50년대의 풍경, 로마 고대 건축물들과 시골 지역의 어우러지는 모습, 그리고 고대 그리스의 에디푸스 비극을 재해석한 영화 〈EDIPO RE〉…. 스토어에서 몇 발자국만 옮기면 닿을 수 있는 산 로렌조 성당도 그에게 많은 영감을 주었다. 성당의 세 가지 톤이 어우러진 마름모꼴 바닥, 오랜 시간 버텨온 벽체 무늬 등은 이솝 산 로렌조 스토어에 미묘하게 녹아 들었다. 스토어에는 어디 하나 로마가 담기지 않은 곳이 없다. 천장을 덮고 있는 짚 더미도 고대 로마 외곽지인 아그로폰티노Pontine Marshlands 지역에서 흔히 보이던 초가집에서부터 탄생한 디자인이다. 이 작은 공간은 이솝이면서, 로마다.

"인근의 루치나 산 로렌조 성당과 판테온 등 로마 유적지 특유의 분위기가 풍기는
스토어 공간을 구현하고자 노력했어요."

이번 스토어를 준비하면서 로마를 선택한 특별한 이유가 있나요?
로마는 유서 깊은 역사와 문화가 살아 숨쉬는 도시예요. 이솝은 늘 영감의
원천으로 이 도시를 주목해왔으며, 로마에 스토어를 오픈할 최적의 타이
밍을 항상 염두에 두고 있었어요. 특히나 로마라는 도시가 지닌 건축미는
감탄을 자아낼 정도죠.

**로마의 많은 인물과 건축학적 의미가 깊은 공간에서 영감을 받았다고 들
었어요.**
소프라노 가수 마리아 칼라스Maria Callas, 영화감독 피에르 파올로 파졸리
니Pier Paolo Pasolini, 소설가 알베르토 모라비아Alberto Moravia 등 로마를
상징하는 유수의 유명 인사들은 이솝 스토어를 로마에 최초로 오픈하는
데 커다란 영감을 불어넣었어요. 로마 스토어를 통해 이번 첫 걸음이 향후
이솝과 로마 그리고 주변과의 관계를 내실화하고 풍요롭게 하는 데 교두
보가 되길 희망하고 있어요.

로마와 이솝 사이에 어떤 공통점이 있다고 생각하나요?
이솝은 수준 높고 진정성이 있으며 유행을 타지 않는 디자인의 가치를 존
중하는 브랜드예요. 그렇기에 이번 로마 스토어도 집에 온 듯 편안함을 주
죠. 루카 구아다니노 스튜디오에서 디자인한 이솝 산 로렌조 스토어는 로
컬 문화에 대한 존중과 이를 보여주고자 하는 의지를 나타내고 있어요.

**스토어에 들어가 보니 그 말이 단번에 이해되는 것 같아요. 이번 프로젝트
를 통해 표현하고 싶은 이솝의 색깔이 있나요?**
공간을 구성하고 있는 대리석, 짚, 석회암 등의 재료들은 현지에서 부분적
으로 공수해 건축 자재로 활용했어요. 이를 통해 로마의 색깔을 상징적으
로 보여 주고자 했죠. 특히 인근의 루치나 산 로렌조 성당과 판테온 등 유
적지 특유의 분위기가 풍기는 공간 연출을 구현하고자 노력했어요. 로마
스토어 디자인은 시대를 초월하는 온전함, 정렬, 고요함을 드러내며 그 완
전함이 배가 되는 것 같아요. 이런 조합은 로마라는 도시가 지니는 영속성
과 도시가 가진 힘을 말하고 있죠.

**한국에는 이솝 스토어가 많이 생겼어요. 로마에도 이솝의 두 번째 공간이
생길까요?**
두 번째 스토어 오픈 계획은 아직 없어요. 하지만 분명한 사실은 로마라는
도시에는 편안함이 스며드는 흥미로운 공간이 많다는 점이죠. 저희는 이
솝이 뿌리를 내리는 지역에서 그 도시와 하나가 될 수 있도록 노력할 거예요.

그러면 앞으로 유럽에서 이솝이 뿌리내릴 지역이 궁금해요.
아직까지 이솝의 발자취가 없는 유럽의 다양한 도시들, 특히 벨기에 안트
베르펜, 프랑스 보르도, 영국 바스 등에 새로운 공간을 오픈하려고 추진 중
이에요. 이솝은 유럽 전역의 신규 고객들에게 제품을 선보일 기회를 꾸준
히 모색하여 이솝 스토어가 위치한 도시와 공간에서 더욱 내실 있는 관계
를 다져갈 계획이에요.

Aesop San Lorenzo Store

A. Piazza di San Lorenzo in Lucina 28 00186 Rome
H. aesop.com/kr/r/aesop-san-lorenzo-in-lucina

나의 까맣고 하얀
동네 친구를 소개합니다

해피엔딩으로 시작한 이야기지만, 하지만

나의 친구를 소개하려고 한다. 길에서 만나 가까이 사귀었고, 한집에서 함께 살며
가족이 된 친구. 서로 다른 언어를 사용했지만 마주 보고 쪼그려 앉아 얼마든지 대
화를 나누던 친구. 까맣고 하얀 긴 털 사이사이 낙엽이라든가 지푸라기, 작은 나뭇
가지 등을 끼운 채 넉살 좋은 걸음으로 찾아와 밥 달라고 호령하던 친구. 한쪽 눈
이 안 보여도 당당하던, 숨 쉬는 게 힘들어도 티 내지 않던, 나의 정든 동네 친구.

글·사진 정다운

동네
동물 친구들

한때는 같은 학년 동갑내기끼리만 친구가 될 수 있다고 생각했다. 학교를 졸업하고 사회에 나온 뒤에야 나이가 달라도 친구가 될 수 있다는 걸 알았다. 두 살 많은 선배가 나를 "친구"라고 소개할 때, 세상이 훌쩍 넓어지는 것 같던 묘한 쾌감이 지금도 기억이 난다. 제주에 살며 본격적으로 '친구의 범위'가 넓어졌다. 아홉 살이 많은 친구가 생겼고 열두 살이 적은 친구도 사귀었다. 친구가 되는 데 있어 나이는 정말로 아무 상관이 없다는 걸 알았다.

그것뿐만이 아니다. 제주에 살며 알게 된, 관계에 대한 비밀 하나는 사람뿐 아니라 개나 고양이와도 친구가 될 수 있다는 점이다. 약속을 하지 않아도 만날 수 있고, 우연히 마주치면 반갑고, 서로 알아보고 즐겁게 인사를 나누는 사이, 맛있는 것을 나누어 먹는 관계. 그거면 동네 친구의 조건으로 더없이 충분하다. 집에서 걸어서 십 분 거리 동네 서점에서 일하기 시작하면서부터 동네 친구는 점점 많아졌다. 동네 동물 친구가 많아지는 건 생각보다 훨씬 근사한 일이다. 퉁퉁 불은 젖을 달고 나타난 강아지 백구는 주인이 있는 개다. 처음엔 꼬리를 완전히 내려 말고 조심스럽게 다가와 서점 마당에 둔 고양이 사료와 물을 훔쳐 먹었다. 강아지를 키우는 친구가 "애기들을 빼앗겼나 보다."라고 말하며 개 사료를 가져다주었다. 백구가 오면 사료를 꺼내주고, 내가 먹던 고구마나 빵 같은 것도 조금씩 나누어 먹었다. 그러는 동안 겁 많던 백구는 어느새 내 손길을 피하지 않게 되었다. 백구의 꼬리는 점점 올라가고, 꼬리를 흔들고 옆에 와서 앉기도 한다. 이제는 백구도 나를 친구로 생각하는 것이 분명하다. 짜식.

백구 외에도 많은 동네 고양이들이 나를 알아보고, 아는 체한다. 발에 하얀 양말을 신은 아이에겐 양말이라는 이름을 붙여주고, 비슷하게 생겼지만 다리 전체 무늬가 같은 고양이는 맨발이라고 불렀다. 이마에 노란 나비 무늬가 있는 아이는 나비라고 불린다. "맨발아, 나비야." 이름을 부르는 동안 우리는 같은 공간, 같은 시간을 나누어도 어색하지 않은 친구가 되었다. 인사를 나누는 동물 친구들이 많아질수록 내가 사는 이 동네와도 점점 정이 들었다.

가장 친한
고양이 친구 붕이

붕이는 그중에서도 나와 가장 친한 고양이. 처음 붕이를 만난 건 일 년 정도 전의 일이다. 하얗고 까만 긴 털을 가진 아름다운 고양이가 길거리 넓적한 현무암 위에 인형처럼 앉아 있었다. 가까이 다가갔는데 피하지 않고 먼저 고개를 쑥 내민다. 몇 번 조심스럽게 손길을 보내다 마음 놓고 쓰다듬으려는 순간, 붕이는 손톱을 내밀고 나를 할퀴었다. "아야! 너 성격 보통이 아니네. 깔깔." 우리는 그렇게 요란스럽게 처음 만났다. 그 후로 오가며 종종 마주쳤다. 그러면서 좀더 자세히 얼굴을 보게 되었는데, 한쪽 눈을 다친 것 같았다. 볼 때마다 병원에 데려갈까 하는 생각을 했지만 주인이 있는 고양이라는 얘기를 들어서 적극적으로 손을 쓰지는 못했다.

몇 달 전부터 붕이는 내가 일하는 서점에도 종종 들러 마당의 사료를 먹고 가곤 했다. "많이 먹고 가. 차 조심하고." 만날 때마다 그렇게 외쳤고 그때마다 붕이는 "걱정 마쇼."라고 대답하는 것 같았다. 그러다 어느 날인가 밥을 먹더니 바로 가지 않고 서점 안으로 성큼 들어왔다. 다른 손님들이 있거나 말거나 열린 문 사이로 들어온 붕이는 어슬렁거리다 바닥에 벌렁 드러누워 버렸다. 들어온 손님을 내쫓을 수는 없는 법이니까, 낮 동안이라도 편한 곳에서 쉬었다 가라고 자리를 내어주었다.

그때부터 점점 자주 얼굴을 비추더니 두어 달 전부터는 아예 본격적으로 아침 출근 시간에 맞춰 기다리기 시작했다. 나보다 조금 일찍 출근해 마당의 빈 밥그릇 앞에 앉아 있다가, 내가 오면 기지개를 켜고 다가와서는, 문 입구에 일등으로 대기하고 있다가 나보다 먼저 안으로 들어갔다. 들어오자마자

하도 밥 내놓으라고 쩌렁쩌렁 외치는 통에 나는 가방을 내려놓기도 전에 허둥지둥 사료 그릇을 닦고 아침을 차려 주었다. 그때부터 나의 출근은 조금 빨라졌다. 이웃이었다가 단골손님이 되었고, 이제는 친구가 된 붕이를 만날 생각을 하면 출근길이 설렜다. 붕이의 기운찬 목소리를 들으면서 시작하는 하루는 언제나 활기찼다.

일 년이 넘는 시간 동안 길에서 살며 곱던 털은 많이 거칠어졌고, 통통하던 배는 홀쭉해졌다. 그루밍을 잘 안 하는지 커다란 발은 꼬질꼬질하고 긴 털 사이사이에는 낙엽이며 지푸라기 같은 게 늘 매달려 있다. 행색이 꼭 노숙자 같았지만, 붕이는 당당했다. 다친 것처럼 보이던 왼쪽 눈은 제대로 뜨지도 못했고 숨을 쉴 때마다 크게 가슴을 헐떡거렸다. 하지만 밥 내놓으라고, 나를 예뻐하라고, 뻔뻔하게 요구하는 당당한 태도 덕에 나는 붕이가 아프다는 걸 자주 잊었다. 병원에서 타온 눈약을 넣어주고, 빗질을 하고, 털을 골라주며 나는 어쩌면 그 시기, 다른 어떤 누구보다 붕이와 더 많은 마음을 나누고 대화를 한 것 같다.

어떤 저녁이면 이 아이를 길에 두고 혼자서 집에 가는 기분이 들기도 했다. 미안한 마음과 동시에 몹시 쓸쓸해졌다. 밤사이 비라도 온 다음 날이면 부리나케 출근했다. 하루라도 안 오면 불안해서 종일 밖을 내다보았다. 하루에도 여러 번 이 아이 손을 잡고 같이 집으로 갈까 고민했다. 주인 대신 병원에라도 데려가 치료를 해줄까 싶다가도 그건 결국 입양을 전제로 해야 하는 무거운 일인 것 같아서 망설였다.

이제 우리
가족입니다

"정을 줬으면 책임을 져야지." 남편이 던지듯 말했고, 그 말이 불씨가 되어, 우리는 이 아이를 책임지기로 했다. 이만큼 정을 줬으면 책임을 져야 한다. 게다가 우리는 친한 친구니까. 의리가 있지. 그렇게 데려간 병원에서 '횡격막 헤르니아'라는 진단을 받았다. 횡격막이 찢어져서 배에 있어야 할 장기 대부분이 가슴으로 가 있고, 그 장기들이 폐를 눌러서 숨을 잘 못 쉬는 거라고 했다. 후천적 횡격막 헤르니아는 교통사고, 낙상, 그리고 발로 차임 등으로 생기는 병이라고 한다. 길에 사는 붕이에게 그런 사고는 특별한 것도 아니다. 수술하면 고칠 수 있는 병이지만, 병원비가 수백만 원이 들고, 게다가 제주도에서는 수술이 어렵다고도 했다. 나는 고칠 수 있다는 말만 들었다. 돈이 얼마가 들던, 고칠 수 있다면 괜찮다. 나머지는 어떻게든 내가 책임질 수 있다. 붕이 손을 잡고 함께 집에 온 순간 이 아이는 우리 가족이 된 거니

까. 비행기 타는 것도 위험하다는 이야기, 치료 중 고비가 많을 거란 이야기도 애써 듣지 않았다. 이제 좋은 일만 남았으니까. 건강하게 사랑받으며 지낼 날만 남았으니까. 붕이는 씩씩하고 나는 낙천적이니 이 이야기는 반드시 해피엔딩일 거라고 믿었다.
그리고 병원에 가기 전전날. 우리 가족이 된 지 닷새 되는 날, 나와 함께 있던 붕이는 토하려고 하다가 털썩 쓰러졌고 순식간에 숨이 꺼졌다. 가슴이 헐떡거리지 않는 모습을 보고 붕이가 떠났다는 걸 알았다. 품에 끌어안으니 따뜻했다. 이제야 편안하구나. 편안하게 쉬는 붕이의 모습을 나는 처음 보는구나. 아무리 쓰다듬어도 할퀴지 않는 붕이를 안고 실컷 쓰다듬으며, 나는 친구가 된 지 일 년, 가족이 된 지 닷새 만에 나의 고양이를 떠나보냈다.

해피엔딩은
아니지만

사실 이 글은 붕이가 떠나기 전에 시작된 글이다. 붕이가 수술을 받고 집으로 돌아와 점점 건강해졌다는 이야기를 하려고 했다. 밥을 얼마나 잘 먹는지, 까맣고 하얀 긴 털이 얼마나 비단결이 되었는지, 눈은 또 얼마나 나았는지, 얼마나 예뻐졌는지 보여주는 글을 쓰고 싶었다. 희망이 가득한 흐뭇한 이야기를 전하고 싶었다.

붕이는 떠났다. 내가 조금 더 일찍 데려와 병원에 갔다면 살았을까, 떠나던 날 컨디션이 나빠 보일 때 얼른 병원에 데려갔으면 살아 있을까, 길에 뒀다면 혹시 조금 더 살 수 있었을까, 후회와 자책을 하느라 한동안 글을 이어 쓰기가 어려웠다. 다시 정신을 차리고 글을 쓰기 시작한 지금은 붕이를 내 품에서 보낼 수 있어서 다행이라고 생각한다. 차가운 거리가 아닌 따뜻한 집, 내 품에서 내 가족으로 떠나보내서 다행이라고. 하지만 다음 생에는 꼭 처음부터 내 고양이로 태어나자고.

White Porcelain Vase

백자 화병

땅과 산과 바다의 재료, 그날의 온도, 공기의 흐름, 우연과 필연이 겹겹이
쌓인 단단한 사물. 맑은 안색의 백자들은 한날한시 한곳에서 났음에도 각
기 다른 이목구비와 표정을 지니고 있다. 저마다 흰빛을 고요히 드러낸다.

글·사진 김희선

백자가 태어나는
정결한 밤

3월 끝자락의 금요일, 고성에 위치한 천광요를 방문했다. 정오를 지나 기울기 시작한 봄빛이 가 닿는 모든 자리에 투명한 반짝임을 드리우는 날이었다. 박용태 작가님이 손수 지은 가마는 이미 소나무 장작을 피워 올린 열기가 가득. 그 안에 담긴 것은 몇 달의 정성으로 빚은 작품들이다. 한 해를 통틀어 손꼽히게 중요한 불 지피는 날이면 바람 한 줄기도 평소와는 전혀 다른 의미를 갖는다. 내내 맑고 잔잔한 날씨를 기원했을 작가님의 가족들은 숨소리, 발소리마저 침착히 거른다. 이런 날 누가 될까 조심스러운 것도 잠시, 가마 속 이글대는 불꽃 너머 기물의 실루엣과 유약이 녹으며 만드는 반사광을 목격하는 일은 마냥 경이로웠다. 소성 작업은 가마를 둘러싼 들판에 어둠이 내리고 사방이 고요해지는 늦은 밤까지 계속되었다. 가마 입구에서 시작하여 이어지는 칸칸 마다 1300도 이상의 열기를 더함도 덜함도 없이 채우는 일. 이날 지켜본 것은 모든 감각을 동원하여 가마 속의 사정을 살피고 보듬는 전문가의 작업이었다. 그와 동시에 막상 가마 안에서 일어나는 일은 사람의 손을 떠난 것이므로, 단단해지길, 무사하고 온전하길 기원하는 간절한 의식이었다. 지금 내 앞에 놓인 백자 화병은 그 밤 내가 목격한 불길 속에서 태어났다.

유일무이한
백자

3월 말 초벌을 마친 백자들을 다시 만난 건 5월. 재벌 과정에서 안타깝게 완성품이 되지 못한 기물도 부지기수라 들었다. 자연이 내어준 재료에 사람의 지혜를 겹겹이 더하는 것은 모든 공예품의 생산 방식이자 미덕이다. 하지만 최대의 정성을 들인 다음에도, 알 길 없는 우주의 섭리와 행운까지 깃들어야 완성이 된다니. 이렇게 낮은 효율과 높은 불확실성을 감수하는 이유는 무얼까. 그 답은 완성작들의 면면에서 자연스레 찾을 수 있었다. 백자, 흰 자기라는 하나의 범주로 불리고, 동일한 가마에서 소성되었는데도 모든 결과물은 유일무이한 개성을 갖는다. 강한 불길을 받아 유약이 완전히 녹은 것은 광택이 높고 반짝이는 반면, 상대적으로 온도가 낮은 자리에서는 소슬한 질감의 반광 표면을 지닌다. 백색도 여러 가지다. 원료인 도자기토의 철분 함유와 소성 중 산소량에 따라 갈색의 온기를 머금기도 하고 푸르스름한 청백색이 되기도 한다. 장작의 재가 내려앉아 생기는 검은 점이나 수축 과정에서 생길 수 있는 빙렬 또한 각자의 운명에 따라 나타난다. 작가의 의도에 따라 이런 특성을 어느 정도 방향 지을 수는 있지만 100퍼센트 제어하는 것은 불가능하다. 현대식 가스 가마는 말할 것도 없고 전통 가마 중에서도 돔 형태의 중국식 가마는 비교적 균일한 결과물을 얻을 수 있는 반면, 비탈을 따라 작은 봉분이 일렬로 이어지는 한국 오름가마는 이런 편차가 더 심한 편이다. 제어가 어렵고 실패율이 높은 대신 최고의 결과물을 얻을 수 있다. 자연과 우연을 작업의 파트너로 삼고 마지막 한 수를 청하는 마음. 이렇게 적으면 해탈한 도인을 연상하겠지만 사실 작가님은 이 협업이 재미있어서 그저 즐기고 있다는 사실을, 그날 가마 옆에서 목격했다. 설레는 마음으로 혼신을 다하는 사람과 깊이를 알 수 없는 자연의 섭리가 함께 만든 결과물이라면 어찌 사랑하지 않을 수 있을까. 내 화병의 부드럽고도 대범한 선과 담백한 입구와 푸름이 감도는 말간 흰빛과 섬세한 빙렬과 밤하늘의 별처럼 흩어진 작은 점들은 태어남을 지켜보았듯 앞으로의 날들도 함께하고 싶은 오롯한 아름다움이다.

천광요 天光窯

전라남도 고성 월평리, 조용한 농지 사잇길을 지나며 맞게 찾아온 걸까 걱정스러워질 무렵 범상치 않아 보이는 단정한 단층 건물이 나타난다. 이곳에 박용태 작가님의 작업실과 가마, 그리고 천광요의 작품을 전시한 공간인 유어예가 나란히 자리하고 있다. 천광요는 '천광 – 중천의 빛'이란 이름처럼 맑은 백자, 그리고 전통 문양에 토대를 둔 청화백자 작업을 선보인다. 주로 차와 향과 식물을 담는 기물들이다. 유어예에서는 천광요 작품을 직접 사용한 정갈한 차와 다식을 즐길 수 있다. 만듦과 쓰임을 함께 하며 작업을 검증하고 실용적인 아름다움을 더하는 장치이기도 하다. 도자 작업과 공간 운영을 맡은 가족의 조화롭고 유기적인 모습이 일과 일상, 만드는 것과 사용하는 것, 개인의 성취와 가족의 삶이 하나의 흐름으로 이어지는 생경한 아름다움으로 다가오는 곳이다.

백자 화병 | 가격 문의, 천광요(055 672 0431)

빨간 페도라와 검은 선글라스

평론가 부부의 책갈피

우리가 꾸던 꿈의 빛깔과 우리가 잃어버린 마음의 색깔
에 대해 이야기하며, 우리는 웃었다 그리고 울어버렸다.

글 **김나영, 송종원** 사진 **이자연**

네 세계의 빛깔

갓난아기는 색깔을 분별할 수 없고, 어느 정도 자랄 때까지는 모든 사물을 명암으로만 파악할 수 있다고
한다. 과학적 이론에 무지한 나는 이 사실이 더없이 이상하게 여겨졌다. 아무리 시력이 약해도 빛을 받아
들일 수 있다면 모든 색을 공평하게 모르거나 알아야 하는 게 아닐까. 처음에는 빛과 어둠 같은 흑백만을
알고, 그 다음에는 붉은색과 초록빛을 알게 된다고 하는데, 아이가 세상을 받아들이는 속도뿐만 아니라
그 방식은 알면 알수록 정말이지 기묘한 데가 있다. 그것은 한 사람이 태어나서 이 세상을 확인하고 파악
하는 방식이기도 하지 않은가. 아이에게 이 세상은 환하거나 어두운 구석이 있는 곳이었다가, 시간이 조
금 흐른 후에는 서서히 붉은빛이 따뜻하게 감돌고, 녹색의 청량한 느낌이 퍼져 나오는 그런 곳이려나. 아
기가 자라나면서 알아가는 빛깔의 순서를 공부하다 보니 우리 집에 있는 아기가 왜 거실 벽에 붙여둔 그
림을 골똘히 보며, 최근에는 혼자 슬며시 미소 짓다 못해 깔깔대며 웃는지를 조금은 짐작할 수 있게 됐다.
내가 좋아하는 일러스트가 그린 그 그림은 거의 대부분 명암을 달리한 초록색으로 채워져 있다. 사람의
열 배는 되어 보이는 거대한 나무들이 우거진 공원의 벤치에 한 여자가 앉아 있는 풍경이다. 하늘은 흰색
이고 길은 분홍빛이 감도는 회색이고 벤치는 그보다 좀더 밝은 노란빛이다. 그 외에 모든 것이 풀밭과 나
무의 서로 다른 초록으로 가득한 이 그림을 얼마나 좋아하는지, 아기는 누워서도 고개를 돌리고 눈을 치
켜뜨기까지 하면서 그 그림을 빤히 본다. 아기는 저 울창한 녹색 속에서 무엇을 발견하고 있을까.
아기는 생후 8개월에서 1년 정도가 되면 성인 수준으로 색을 알고 구별할 수 있게 되고, 열 살 즈음이 되
면 서로 다른 색깔에서 고유한 느낌 같은 것을 얻고 자기가 선호하는 색깔을 갖게 된다고 한다. 나 역시 분
명 이런 과정을 지나왔을 텐데 아쉽게도 그 순차적인 변화의 계기와 세세한 변화들이 나에게 주었을 일종
의 충격, 그로 인한 환희 같은 것을 전혀 기억하지 못한다. 밝고 어두운 것들만이 아른거리던 시야에 처음
붉은빛과 초록색이 등장했을 땐 얼마나 놀라웠을까. 말 그대로 '새로운 세계의 발견'이었을 그 느낌은 또
한 어떤 빛깔로 표현될 만한 것이었을까. 내 눈앞의 세상이 점점 다양한 빛깔로 채워질 때 나는 어떤 꿈을
꾸게 되었을까. 아기를 보면서 속으로 그런 질문을 하다 보면 이 세계는 별다른 게 아니라 그저 무수히 다
른 색깔로 채워진 공간이라는 생각이 드는 것이다.
색깔은 단순히 시각에 의해 구별된 빛의 파장이 아니라, 어떤 예기치 못한 순간이 있고 그 순간이 발생시
키는 고유한 느낌과 감정이 있으며 다름 아닌 그런 순간과 느낌이 우리의 세계를 속속들이 이룬다는 사실
에 대한 증명이기도 하다. 노란색을 좋아하는 누군가는 노란빛이 자기 자신에게 주는 느낌을 좋아하며 그
좋아함의 역사에는 노란빛과 관련한 좋은 기억, 좋은 관계가 많을 것이다. 노란 사람과 노란 추억과 노란
이야기들이 그 사람의 세계 가운데 많은 부분을 이루며, 때로 그 사람이 힘들고 지치고 살아가는 일이 싫
게 느껴지더라도 또 다른 노랑이 다시 그의 세계를 긍정할 수 있게 하는 빛이 되어줄 것이다.
그러고 보면 색깔에는 치유의 힘이 있는 게 분명하다. 누군가는 알록달록한 아이의 장난감이나 동화책의
삽화에서, 또 누군가는 산과 들과 바다와 바위 같은 데에서, 또 누군가는 때 묻지 않은 흰 종이와 그 위를
지나가는 펜의 검은 잉크 자국에서 알 수 없는 위안을 얻는다. 어릴 때는 미처 몰랐는데 나이를 먹으니 화
려한 꽃과 원색의 화사한 무늬들이 좋아지더라는 이야기를 종종 들어왔는데, 이제 생각해보니 그건 나이
를 먹을수록 사람에게 위안받을 일이 다양해진다는 말이 아닐까. 흑백의 단조로움 가운데에서도 스스로
빛날 수 있던 한 시기를 거쳐 제 자신이 어슴푸레한 그림자처럼 여겨지는 때가 오면 누구라도 다시 그 시
절의 붉고 푸른빛이 그리워지지 않을까. 그 빛들만으로도 가슴에 기쁨이 충만해지는 듯 온몸으로 웃을 수
있던, 눈보다는 마음이 더 밝던 그 시절의 자신이 말이다.

다른 세계가 있다는 약속

'세계'에 관한 한 최근 한국 소설에서 단연 돋보이는 상상을 발휘하는 작가로 손보미를 꼽을 수 있다. 손보미 소설의 세계는 단선적인 시간이 흐르는 단 하나의 공간으로 묘사되지 않는다. 그의 이야기는 과거와 현재와 미래는 누구에게나 동일한 의미나 역사를 갖지 않는다는 것을 전제로 삼는다. 그의 소설이 갖는 묘미 중 하나는 독자로 하여금 서로 다른 세계들이 어떻게 겹쳐지고 만나는지 발견하게 하고, 또한 그 접점이 어떤 의미로써 새로운 세계를 만들어내는지를 상상하게 하는 데 있다. 시간은 이미 주어진 것이 아니라 살며 느끼고 나아가 어떻게 살아가기를 기대하고 결심하는지에 따라서 완연히 다른 차원으로 펼쳐진다. 게다가 지금 이 순간에, 그러니까 '동시에' 내가 존재하는 여기가 아닌 곳에서 지금 이 순간을 살고 있는 존재가 있다. 그것은 나는 서울에 있고 또 다른 존재는 평양이나 파리에 있다는 인식이 아니라, 나와 같은 생각을 하고 감정을 가진 존재가 다른 차원의 시공간에 살아 있다는 상상이다. 내가 웬만한 일에는 상처받지 않을뿐더러 우는 일이 거의 없는 사람인 건 다른 세계의 누군가가 나 대신 사건건건 수시로 눈물을 흘리고 있기 때문이라는 상상은 어쩐지 소중하다. 함께 살아가는 존재에 대한 공감이나 배려가 부족한 세계에서, 그 차갑고 팍팍한 경계 속에서 한번쯤 깊이 마음의 상처를 입어본 자라면 굳이 길게 말하지 않아도 '공존하는 것'에 대한 상상력이 지금 여기에 얼마나 절실한 것인지에 절실히 공감하게 될 것이다.

문을 열자 거기엔 머리부터 발끝까지 완벽하게 치장하고 활기 넘치는 표정을 한 키 큰 남자가 서 있더군. 그는 줄무늬가 들어간 남색 베스트를 입고 그 안에는 하얀 와이셔츠에 넥타이를 착용하고 있었어. 커프스단추까지 하고 있었다니깐. 그리고 그의 머리에 얹힌 빨간 페도라가 정말 일품이었어. 정말 잘 어울리더라고. 이상하지. 전혀 어울리지 않을 조합이었는데, 정말 잘 어울리더라고. 거기서 하나라도 빠진다면 그 남자 존재 자체가 와르르 무너져버릴 거 같은 그런 느낌이었어.

- 손보미, 〈상자 사나이〉 중에서

문을 여니, 거기에는 빨간 페도라를 쓰고, 하얀 와이셔츠와 줄무늬가 들어간 남색 베스트를 입은 남자가 서 있었다. 넥타이까지 하고 말이다.

- 손보미, 〈고양이의 보은〉 중에서

손보미 소설이 그처럼 '다른 세계'에 대한 특유의 관점 내지는 상상을 보여주는 일로써 특별한 의미를 만들어낸다면 위의 두 단편은 그 상상의 과정에 선명한 색깔이 더해진다는 점에서 주목할 만하다. 〈상자 사나이〉와 〈고양이의 보은〉에서 사건은 어느 날 아침 문득 집으로 찾아온 '우편배달부'에 의해서 시작되는데, 이 배달부의 옷차림은 동일하다. 두 소설을 구성하는 인물과 사건과 배경은 전혀 다르지만 그 가운데 중요한 매개로 작동하는, 즉 초점화자를 '새로운 세계'로 초대하거나 인도하는 배달부가 "빨간 페도라를 쓰고, 하얀 와이셔츠와 줄무늬가 들어간 남색 베스트를 입"은 흔치 않은 차림이라는 점은 똑같다. 마치 이 배달부가 이 소설의 세계와 저 소설의 세계에 똑같이 방문함으로써 그 자체가 전혀 다른 두 개의 이야기를 연결할 수 있는 비밀스러운 통로라도 되듯이 말이다. 독자가 이를 발견할 때 소설에는 이야기가 갖는 의미 외에도 이 이야기 바깥으로 다른 세계에 대한 상상이 무궁무진하게 발휘될 여백이 펼쳐진다. 소설이라는 하나의 세계를 통해 독자들이 저마다 다른 세계를 상상하고 그 속에서 잠시나마 살아가며 나름의 위안을 얻을 수 있는 소설의 한 효용을 손보미의 소설은 다른 세계로 주인공을 인도하는 배달부의 빛깔 선명한 옷차림을 통해 인상 깊게 새긴다. 빨간 페도라를 쓴 누군가를 만나면 그를 따라가진 못해도 왠지 오래 안도하게 될 것만 같다.

그녀의 검은 눈동자

아는 친구 한 명은 외출을 할 때면 웬만해서는 선글라스를 벗지 않는다. 멋쟁이인 그 친구가 추구하는 스타일일 거라 추측했었다. 그런데 알고 보니 이유는 다른 곳에 있었다. 놀랍게도 그녀는 남들보다 유달리 큰 검은 눈동자를 가지고 있었고, 커다란 검은 눈동자가 빛을 너무 많이 빨아들이기 때문에 선글라스를 쓰지 않으면 시력에 문제가 생길 수 있다는 진단을 받은 적이 있다고 했다. 그녀는 남들은 잘 모르는 불편함에 대해 이야기하는 거였지만, 엉뚱하게도 그 이야기를 처음 듣는 순간 나는 그녀가 겪는 증상이 그녀가 쓰는 특별한 시와 어딘가 닿아 있다는 생각이 들었다.

나는 식판을 들고 앉을 자리를 찾는 아이였다 / 식은 밥과 국을 들고 서 있다가 / 점심시간이 끝났다 / 문득 오리너구리는 어쩌다 오리너구리가 된 걸까 / 오리도 너구리도 아닌데 / 이런 생각을 하며 / 긴 복도를 걸었다 / 교실 문을 열자 / 아무도 없고 / 햇볕만 가득한 삼월

 - 강성은, 〈Ghost〉 중에서

식판이란 말이 어딘가 차갑다. 저 어휘의 어감이 어쩔 수 없이 먹어야만 하는, 먹는 일을 강요당하는 느낌이 든다면 과장일까. 하지만 말에 예민한 사람이라면 단어에서 색감과 온기를 감지하는 게 당연할 터. 아마도 시인은 일부러 식판이라는 말을 골라 써서 시 속의 아이가 겪고 있는 곤란함을 증폭시켰을지도 모른다. 그런데 도대체 무슨 사연이 있던 걸까. 아이는 그 차가운 식판을 들고 자리를 찾지 못한 채 서 있다. 세상에는 자신의 자리를 영리하게 빨리 알아채는 사람도 있지만 한편에는 자신의 자리를 어디로 해야 할지 몰라 더딘 사람들도 있다. 정확히 말하자면, 내가 있을 곳을 모른다기보다 내가 남에게 피해를 주지 않는 자리를 선별하기 위해 숙고의 시간을 필요로 하는 사람도 있다. 저 아이가 겪었을 곤란 또한 그런 종류의 것이 아니었을까. '내가 저기에 앉아도 될까', '내가 거기에 앉아버리면 그 자리에 앉고 싶던 다른 친구가 곤란해지는 것은 아닐까', 하는 종류의 속 깊은 고민에 휩싸인 상황 같은 것. 그렇게 시간을 끌다 보니 아이는 자기 혼자 외톨이처럼 남았을 것이다. 세상은 그러한 속 깊음에 쉽사리 응답해주지 않는다. 그보다는 그런 속 깊음은 요령 있게 잊고 빨리 성장하길(?) 바랄지도 모른다. 그게 바로 냉정한 현실이라는 듯이, 냉정을 과장하여 말하면서.

외톨이처럼 남은 아이가 자문한다. '오리너구리 어쩌다 오리너구리가 된 걸까'. 저 질문은 '나는 왜 나일까.'를 질문하는 성숙한 아이의 물음을 감추고 있다. 그러니까, '나'는 왜 대개의 사람들처럼 누군가의 옆자리에 쉽게 앉지 못하는 '나'일까라는 물음이 어린이의 시선을 거쳐 변형되어 탄생한 질문. 아이는 어쩌면 자신을 위로하기 위해 재빨리 엉뚱한 질문의 형태로 그것을 바꾸었는지도 모른다. 오리도 너구리도 아닌데 오리너구리가 된 이름처럼, 오리무중인 자신의 무능(?)의 기원에 대한 질문, 실제로는 짧은 복도였을지라도 그런 질문을 하는 과정에 그곳은 하염없이 길어만 졌겠고, 작은 머리가 경험했을 길고 긴 고뇌의 연속, 그리고 교실 문을 열었을 때 인적이 없는 교실에서 그녀를 환하게 맞아준 햇볕!
시인은 어려서부터 커다란 검은 눈동자를 지녔었을까. 엉뚱한 생각이 든다. 혹 저 텅 빈 교실에 내리쬐던 삼월의 햇볕을 강렬하게 느낀 그 순간 커다랗게 확장된 그녀의 눈동자가 영원히 커다란 검은 눈동자가 된 것은 아닐지. 그때부터 시인은 사람들이 보지 못하는 무언가를 계속 보아야만 하는 운명에 휩싸인 것은 아닐까. 이를테면 타인의 고통이나 슬픔 같은 것, 또는 사람의 속 깊은 곳에서 검게 타들어간 마음의 흔적 같은 것.

좋은 사람들이 몰려왔다가 / 자꾸 나를 먼 곳에 옮겨 놓고 가버린다 // 나는 바지에 묻은 흙을 툭툭 털고 일어나 / 좋은 사람들을 생각하며 집으로 돌아온다 // 쌀을 씻고 두부를 썰다 / 식탁에 앉아 숟가락을 들고 / 불을 끄고 잠자리에 누워 // 생각한다 / 생각한다 // 생각한다

— 강성은, 〈죄와 벌〉 중에서

아이에서 어른이 되었지만, 시인은 여전히 세상에서 자신이 차지해야 하는 자리를 재빨리 선점하지 못한다. 게다가 어른들의 세계에는 아이들의 세계와는 달리 그런 약점(?)을 쉽게 이용하는 사람들이 있다. 그들은 그녀를 자꾸 세상의 먼 곳으로 옮겨 놓는다. 아마도 자신의 이익과 관련한 자리를 하나 더 늘리려는 계략이 거기에 숨어 있을지도 모른다. 하지만, 사람들의 상처와 고통에 눈이 밝은 그녀의 검은 눈동자는 그들을 섣불리 나쁜 사람이라 여기지 않는다. 대신에 좋은 사람들에 대해서 생각한다. 예전 학교의 복도보다 한참은 더 길 그 길을 오랫동안 생각하고 생각하며 돌아와 다시 또 생각한다. 마치 그 긴 생각의 색깔처럼 그녀가 먹는 밥과 반찬 또한 하얗고 하얗다.
남의 자리를 빼앗는 결과를 만들지 않기 위해 애쓰던 아이는 남의 자리를 함부로 논하는 사람이 아닌 어른으로 자랐다. 아이부터 어른의 시간 동안 수많은 손톱들이 그녀의 삶을 할퀴고 지나갔을 것이다. 그런데 그녀와 같은 삶은 우리 주위에 하나씩은 꼭 있기 마련이다. 나는 그것이 세상의 섭리요 또 잔인함이라고 생각한다. 혹은 축복이면서 저주 같은 것이라고도. 선글라스 저편에서 보이지 않는 눈물을 오랫동안 홀로 흘리고 있을 그녀의 검은 눈동자에 대해 상상하면 그런 생각을 피할 수 없다.

Vibrant and rough colored

발랄하고 괴팍한 색

자기파괴적인 괴짜는 사절이다. 진짜 괴짜들은 세상이 뭐라고 하건 제멋대로
산다. 진짜 괴짜들은 그래서 발랄하다. 배우 그레타 거윅의 영화 〈레이디 버
드〉의 주인공 레이디 버드, 그리고 캐나다 출신의 전설적인 피아니스트 글렌
굴드는 모두 그런 괴짜들이라서, 이 괴짜들과 보내는 시간은 무척 즐거웠다.

글 한수희   일러스트 김지하

아마 10년도 더 전의 일일 것이다. 지하철을 탔는데 어떤 여자가 짧은 핑크색 원피스를 입고 있었다. 그냥 핑크가 아니었다. 아주 뜨거운 핫핑크, 쇼킹핑크 뭐 그런 색이었다. 여자는 펑키한 단발 파마 머리에 날씬했고, 핑크는 아주 강렬했으며, 그런데도 야하기보다는 무심했다. 여자에게는 파마 머리와 핑크색 원피스, 그리고 굽이 높은 검정색 구두뿐이었다. 그게 다였다. 그래서 더 멋있었다.

여자는 곧 전철에서 내렸고 그 여자를 본 시간은 기껏해야 5초 정도였을 텐데 나는 지금까지 그 여자를 기억한다(안경을 어디에 두었는지는 기억이 안 나는데 이렇게 오래된 기억은 자꾸만 선명해지는 이유는 점점 기억력이 좋아져서일까, 아니면 너무 오래 살아서일까). 대부분의 사람들이 무채색을 방패 삼아 튀어 보이지 않으려 애쓰고 또 그런 것에 평온함을 느끼며 살아가는 이 세상에서, 핑크색 원피스를 입는 사람이 될 수 있다는 것, 나는 그런 것에 감탄했다. 그런데도 그 여자는 핑크색 원피스 따위야 뭐, 하는 느낌으로 당당해서 또 한 번 더 감탄했다.

내 옷걸이의 옷들은 모두 무채색이다. 딱 한 벌, 아주 짙어서 검은빛마저 도는 붉은색의 번들거리는 긴 스커트가 있기는 하다. 내가 그 스커트를 입고 있으면 아빠는 질색하면서 이렇게 말한다. "여기가 무당집이냐?"

배우 그레타 거윅이 연출한 영화 〈레이디 버드〉를 보면서 나는 이 영화의 컬러가 바로 핑크라는 생각을 했다. 본명 대신 스스로 지은 이름 '레이디 버드'로 자신을 소개하는 엉뚱하고 발랄한 소녀가 주인공인 이 영화는 아마 그레타 거윅 자신의 기억에서 출발했을 것이다. 이야기는 미국 서부의 새크라멘토라는 소도시에 사는 소녀의 한 시절을, 고등학교 졸업반에서 대학 입학을 준비하다가 끝내 대학에 가기 위해 집을 떠나는 이야기를 그리고 있다.

레이디 버드의 머리칼에는 핑크 컬러가 섞여 있다. 엄마와 말다툼을 벌이다 홧김에 달리는 차에서 뛰어내린 뒤(대단한 여자애다) 부러진 팔에는 핑크색 석고로 깁스를 했다. 방 벽은 핑크색으로 칠해져 있고, 졸업 파티에 입고 가는 드레스는 당연히 핑크색이다.

이 소녀는 좀 독특하다. 아니, 실은 괴짜다. 잘나가지만 깊이 없는 속물 친구들도 그녀를 가리키며 이렇게 말한다. "쟤 좀 이상해." 레이디 버드의 자기 자신에 대한 평가는 자괴감과 자만심을 오간다. 얼굴과 목과 어깨에는 늘 힘이 들어가 있다. 레이디 버드는 숨도 안 쉬고 하고 싶은 말부터 시작한다. 몸은 늘 앞으로 15도 정도 기울어져 있다. 무언가를 잡으려는 듯, 무언가를 쫓으려는 듯. 그래서 레이디 버드는 그 대상에 너무 가까이 다가선다. 부담스러울 정도로 가까이. 레이디 버드는 이 인생의 열렬한 구애자다. 그리고 대개 열렬한 구애자들은 구애의 대상에게 처절하게 배신당하게 마련이다.

레이디 버드가 다니는 가톨릭 학교의 친구들은 모두 부자다. 하지만 엄마는 돈이 없다며 사사건건 잔소리를 하고, 동부에 있는 대학으로 가겠다는 레이디 버드의 계획을 결사반대한다. 가뜩이나 어려운 집안 형편은 아빠가 일자리를 잃으면서 더더욱 기운다. 귀엽고 착한 남자애와 데이트를 시작했지만 알고 보니 그는 게이다. 밴드에서 노래를 부르는 멋있고 어쩐지 위험해 보이는 남자애와 생애 첫 섹스까지 했는데, 그는 레이디 버드를 조금도 진지하게 생각하지 않는다.

레이디 버드의 시선은 꿈을 바라보고 있지만 정작 소녀를 둘러싼 현실은 구질구질하다. 모든 소녀 시절이 그러하듯이. 여드름 자국이 있는 얼굴, 다이어트가 필요한 몸매, 원하는 대학에 가기에는 모자란 성적, 내가 친해지고 싶은 사람과 내가 친한 사람 사이의 간극, 부족한 용돈, 아무리 해도 잘 지낼 수 없는 부모, 갑갑한 학교, 엇갈리는 애정 관계, 단조로운 매일매일. 그런 레이디 버드에게 핑크란 일종의 발악 같은 것이다. 나는 평범해지지 않겠어. 나는 내가 원하는 걸 이룰 거야. 그리고 현실에서 점프해 꿈으로 다가가기 위해 필요한 입장권의 색깔도 핑크일 것이다.

바라고 바라던 뉴욕의 한 대학에 합격한 레이디 버드는 소녀 시절의 분홍색 방을 흰색으로 칠하고 떠난다. 어른이 된 그녀는 이제 사람들에게 자신을 레이디 버드라고 소개하는 대신, 진짜 이름을 말해준다. 독특하던 촌뜨기 소녀 레이디 버드는 이 낯설고 커다란 도시에서 쓸쓸하고 울적하게 어른이 되어가는 것이다.

그레타 거윅의 사랑스럽고 똑똑한 첫 영화를 보면서 나는 아주 기분 좋은 질투심을 느꼈다. 열정적이면서 열심이기까지 한, 매력적인 여자의 성공 앞에서는 즐겁고도 신나면서 동시에 좋은 자극을 받게 된다. 이 영화에는 그 누구도 아닌 그레타 거윅만의 색이 배어 있다. 그녀만이 가지고 있는 호흡과 리듬이, 발랄하고도 괴팍한 속도가 고스란히 드러난다. 그런데 자기만의 색깔을, 매력적이면서도 적합한 방식으로 드러내려면 어떻게 해야 하는 걸까. 오랫동안 자기만의 색깔을 잃지 않으면서 점점 더 깊어지고 점점 더 진해지려면 어떻게 해야 하는 걸까. 어렵지만 아무리 생각해도 지치지 않는 즐거운 주제다.

잘 기억나지 않지만 예전에 어느 책인지, 어느 영화에서인지 어떤 사람의 영혼은 유달리 강렬한 색이라는 대사를 본 적이 있다. 내 생각에는 글렌 굴드 같은 사람도 강렬한 색의 영혼을 가졌을 것 같다. 그리고 얼마 전부터 갑자기 글렌 굴드라는 전설적인 피아니스트가 어떤 사람인지 궁금해졌다. 내가 글렌 굴드에 대해 아는 것은 딱 두 가지다. 피아노를 엄청나게 잘 친다는 것. 그리고 아스퍼거 증후군이 의심될 정도로 사회성이 바닥인 괴짜 중의 괴짜라는 것.

나는 도서관에서 글렌 굴드에 관한 책 두 권을 빌렸고, 그중 한 권은 대충 훑어보다가 옆으로 치워버렸다. 남은 한 권이 《글렌 굴드 - 피아니즘의 황홀경》이었는데 아주 두껍고도 흥미로웠다. 무엇보다 작가의 성실한 자세와 충실한 번역을 높이 사고 싶은 책이다. 심리학자이자 의사이면서 음악에 조예가 깊던 작가는 자신이 가진 모든 능력을 활용해, 그리고 글렌 굴드와의 친분까지 활용한 괴짜 천재의 흥미로운 전기를 만들어냈다.

글렌 굴드는 어릴 때부터 피아노 신동이었다. 20대에 연주한 바흐의 '골드베르크 변주곡'으로 그는 금세 천재 피아니스트라는 타이틀을 달게 되었다. 하지만 동시에 그는 괴짜였다. 그가 연주하는 모습은 사람들을 경악하게 했다. 그는 한여름에도 두꺼운 옷에 목도리를 두르고 다녔다. 그의 피아노 의자는 그 위에 앉으면 피아노 건반에 매달린 느낌이 들 정도로 낮았고, 그나마 시간이 흐르면서 의자 솜이 다 빠져 뼈대만 남을 정도였다. 연주하는 내내 그는 피아노 위에 엎어질 듯한 자세였고, 한 손이 연주할 때 다른 한 손은 종종 지휘를 했으며, 연주에 몰입하면 노래를 부르기도 했다. 심지어 다리를 꼰 채 연주를 할 때도 있었다.

동시에 그는 언제나 자신의 건강에 대한 망상과도 같은 걱정에 빠져 있었고, 사람들과 제대로 사귈 줄 몰랐다. 그는 여러 사람과 어울리기보다는 혼자 호숫가의 오두막에서 고독을 즐기는 일을 더 사랑했다. 말년에는 건강염려증에서 비롯된 약 복용이 과해져 건강이 점점 나빠졌고, 어느 하나에 몰두하면 다른 모든 것을 잊어버리는 천재 괴짜의 특징답게 나빠지는 몸을 돌보지도 않았다. 그리고 글렌 굴드는 51세에 뇌일혈 발작으로 죽었다.

그의 현실감각은 어른보다는 어린이에 가까운 상태로 남아 있었다. 그는 자신이 바라고 꿈꾸고 두려워하는 모든 것이 현실로 나타난다고 믿었다. 배가 조금만 아파도 의학적으로 응급상태라고 생각했고, 그의 연주를 들으러 온 청중은 자신을 망가뜨리려고 연주회장에 온 것이라고 보았다. 글렌은 자신의 역할 – 피아노의 대가이자 음악평론가, 작곡가, 소설가, 그리고 의학 전문가 – 로 상상했지만 무엇이 꼭 맞는지는 여전히 확신하지 못했다. 그에 따라 카멜레온 같은 그의 기묘한 행동은 때론 매우 매력적이고 재미있기도 했지만, 그에게 숨어 있는 불안과 다치기 쉬운 감정을 묻어버리는 구실을 하고 말았다.

– 피터 F 오스왈드, 《글렌 굴드 - 피아니즘의 황홀경》 중에서

나는 이 비범한 괴짜가 어떤 식으로 자기 앞에 주어진 삶을 헤쳐 나갔는지를 나름대로 즐거운 기분으로 읽어나갔다. 그는 타인의 애정과 관심을 원하는 과시적인 인간인 동시에, 타고난 은둔자였다. 어린아이처럼 순수한 열정을 지니고 있는 동시에 어린아이처럼 이기적이기도 했다. 이렇게 특별한 색채를 지닌 사람들의 이야기를 읽을 때면 나는 종종 그와 나를 동일시하곤 한다. 물론 재능이 아니라 그 괴팍하고 부정적인 성격을 말이다. 종종 남의 감정을 아랑곳하지 않고 상처를 주는 것, 남들에게 방해받는 것을 극도로 꺼리는 것, 건강이나 비행에 대해 극도의 공포를 느끼는 것, 유치한 과시욕이나 인정욕구 같은 것들까지도.

밤마다 이 두꺼운 책을 야금야금 읽으면서 글렌 굴드가 생전에 녹음한 앨범들을 하나씩 찾아 들었다. 다른 어떤 음악보다 그를 유명하게 해준 바흐의 음악들이 가장 좋았다. 나는 클래식 음악에는 완벽하게 무지해서 다른 연주곡을 들을 때면 졸리거나 기분이 가라앉곤 했지만, 글렌 굴드가 연주한 바흐는 그렇지가 않았다. 특히 그 유명한 '골드베르크 변주곡'! 이 음악에는 따뜻함과 밝음, 깨끗함과 맑음, 아름다움, 슬픔 그리고 고요함이 혼재했다. 들을수록 나는 이 곡을 사랑하게 됐다. 글렌 굴드가 직접 쓴 '음악의 목적은 아드레날린을 순간적으로 분비하는 것이 아니라 평생에 걸쳐 경이롭고도 고요한 상태를 점진적으로 구축해 나가는 것'이라는 글의 의미를 이해할 수 있을 것 같기도 했다.

'예술이란 인간의 가슴에 불을 댕기는 내적 연소이지, 천박하게 밖으로 드러내서 대중에게 과시하는 것이 아니라고 믿기 때문이다. 음악의 목적은 아드레날린을 순간적으로 분비하는 것이 아니라 평생에 걸쳐 경이롭고도 고요한 상태를 점진적으로 구축해 나가는 것이다.'

– 피터 F 오스왈드, 《글렌 굴드 - 피아니즘의 황홀경》 중에서

글렌 굴드는 어느 순간부터 청중이 있는 연주회를 기피하고 녹음실에 틀어박혀 연주를 녹음하는 데 집중했다. 그러다가 곧 당시 새롭게 떠오르는 미디어였던 TV에 푹 빠졌다. 굴드는 아예 방송국에 상주하며 TV 프로그램을 만드는 데 열과 성을 다했다. 그러면서 건강에 집착하고, 건강에 집착하면서도 건강 관리를 제대로 하지 않아 그는 날이 갈수록 피폐해졌다. 피아니스트로서 그의 천재적인 능력을 사랑하던 사람들은 그가 모든 열정을 음악에 온전히 쏟아부었더라면 베토벤처럼 말년에 다다를수록 음악적으로 완결되지 않았을까 하고 안타까워했다. 글쎄, 나는 잘 모르겠다. 그런 건 별로 중요한 게 아닐지도 모른다. 우리는 경력 관리를 위해 이 세상에 태어난 게 아니니까.

스스로 즐기면서 동시에 아주 잘해낼 수 있으려면 어떻게 해야 할까. 나이가 들어서도 반짝이는 눈빛을 잃지 않으려면 어떻게 해야 할까. 잘해낼 수 있을까. 나의 발랄하고 괴팍한 색을 영원히 간직할 수 있을까. 어쩌면 내 색은 점점 바래가다가 어느새 사라져 버리는 건 아닐까.

갑자기 10년 전 지하철에서 목격한 장면이 다시 떠올랐다. 그 핑크색 원피스를 입은 여자는 그리 젊지 않았다. 그 여자는 최소한 30대 중반은 되어 보였다. 그리고 그 여자의 몸은 앞으로 15도 정도 기울어져 있었다. 그 여자는 당장이라도 하이힐을 벗어 들고 달리기라도 할 것처럼 보였다. 그리고 나는 중요한 사실 하나를 기억해냈다. 내가 그 여자를 기억하는 이유는 원피스 색깔 때문이 아니라, 더 이상 소녀가 아닌데도 그 여자의 몸이 앞으로 기울어져 있었기 때문이라는 것을. 그 여자가 몸을 뒤로 젖힌 채 팔짱을 끼고 있었더라면 내가 지금껏 그 여자를 기억하고 있을 리가 없다.

레이디 버드
그레타 거윅 | 2018

자신을 정의할 수 있는 것은 오로지 자신뿐이기 때문일까. 매사에 적극적인 크리스틴은 타인이 자신을 부르는 이름을 스스로 만든다. 이제 알을 깨고 새로운 세상으로 나아가려는 그녀의 발버둥이 사람들에게 큰 울림으로 다가온다.

글렌 굴드 - 피아니즘의 황홀경
피터 F.오스왈드 | 을유문화사

심리학자이자 의사인 피터. F 오스왈드는 굴드의 음악에 수많은 의문을 제기하면서 그의 화려한 명성 뒤에 숨은 에너지와 이야기를 파헤친다. 그의 주관적인 시선을 따라가다 보면 결국 객관적인 굴드의 모습이 드러나게 된다.

➔ **전시일정**

일시   2018년 12월 12일(수) - 2018년 12월 16일(일), 5일간
           10:30 - 19:00 * 18:00 까지 입장 ** 12월 16일(일)은 17:00 까지 입장

장소   서울 코엑스 1층 Hall B

주제   미래로 후진하는 디자인, YOUNG RETRO

➔ **전시구성**

디자인 주도기업
디자이너와의 컬래버레이션으로 새로운 디자인 이슈를 제안하는
기업 · 브랜드의 콘텐츠 전시

디자인 전문기업
제품, 그래픽, 패션, 엔터테인먼트, IT, 교육기관, 라이프스타일 등 분야의
디자인 전문기업 · 브랜드 프로모션

영디자이너 프로모션
월간 〈디자인〉이 선정한 45인 디자이너들의 셀프 브랜딩

글로벌콘텐츠
해외 디자이너, 창작자 그리고 브랜드들의 디자인 프로모션

➔ **동시행사**

서울디자인스팟
월간 〈디자인〉이 선정한 서울 전역의 다양한 디자인 스팟

디자인세미나
글로벌 전문가들의 새로운 비전과 혁신적 사고에 대한 디자인 인사이트 강좌

ALEXANDER GROVES &
AZUSA MURAKAMI
STUDIO SWINE
공동 디렉터, 디자이너

OKE HAUSER
BMW MINI LIVING
크리에이티브 디렉터, 건축가

LEE MOREAU
CONTINUUM
크리에이티브 디렉터, 디자이너

기간 2018년 12월 13일(목) - 14일(금)
장소 코엑스 컨퍼런스룸 401호
등록 11월초 홈페이지 등록 오픈 designfestival.co.kr
* 전체 연사 및 세부 일정은 홈페이지 참고

주최 ● *design* **house**   ⠿ designfestival.co.kr   ⓘ @designfestival.kr

주관 **DESIGN**   f fb.com/designfestival.kr

HELLO, PEERS!

청소하면서 듣는 음악
이재민 | 워크룸 프레스

저자의 말마따나 청소와 음악은 닮은 구석이 있다. 우리의 어수선한 일상을 보듬는 도구라는 점에서 그렇다. 휴지통에 버리고 싶은 감정들로 가득한 날, 이 책을 펼치면 좋겠다. 그래픽 디자이너 이재민이 자신의 인스타그램에 게시해 온 음악 관련 글들을 추려서 다듬어 붙였다.

H. workroompress.kr

소규모 여행사진집 라바 교토 편
이지원 | 라바북스

제주 남쪽 위미에 자리잡은 작은 책방 라바북스에서 출간한 소규모여행사진집 라바LABAS는 매 호마다 다른 작가의 다른 도시 사진으로 꾸며지는데, 일곱 번째 책으로 교토를 담았다. 사진집을 가만히 보고 있으면 교토의 골목을 타박타박 함께 걷고 있는 편안한 느낌을 받게 된다.

H. instagram.com/labas.book

메르타 할머니의 우아한 강도 인생
카타리나 잉엘만순드베리 | 열린책들

70~80대 노인 다섯 명의 유머러스한 범죄 소설. 사회에 불만을 켜켜이 쌓아 온 노인들은 강도단을 만들어 즐겁고 유쾌한 방식으로 사회를 바꾸나가려고 한다. 행복한 세상을 만들기 위해 적극적으로 손을 뻗은 이들의 이야기가 어쩐지 가볍지만은 않다.

H. openbooks.co.kr

그냥 흘러 넘쳐도 좋아요
백영옥 | 아르테

백영옥 작가는 자신을 활자 중독자이자 문장 수집가라고 부른다. 그녀가 오랜 시간동안 차곡차곡 모아온 밑줄 긋기 중에서 더욱 마음에 남았던 문장들을 소개한다. 그냥 지나쳐버리기 쉬운 문장들에 포근한 시선을 담아 자기만의 시간을 그리게 된다. 흘러 넘쳐도 그 자체로도 좋은 것들을 담았다.

H. instagram.com/21_arte

해리포터와 마법사의 돌
워너브라더스

〈해리포터와 마법사의 돌〉이 17년만에 재개봉된다. 일명 '해리포터 세대'를 만들어 많은 사람들의 성장기와 함께 했던 해리포터 시리즈의 첫 번째 편이 극장으로 돌아온 것이다. 작은 방에 갇혀 학대를 당하던 아이가 자신의 정체성을 뚜렷하게 인지해 가는 특별한 편이다. 해리의 수 많은 첫 번째가 담겨있다.

O. 2018년 10월 25일 재개봉

T. warnerbros.com

그 개
세종문화회관

"언제부터 왜 그렇게 됐는지는 아무도 몰라. 세상 모든 공기가 물로 변했어." 각자의 외로움과 소외를 끌어안고 살아가는 등장 인물들은 삶에 대한 노력을 강요당한다. 매 순간 행복과 불행에 휘둘리는 이들은 연극을 통하여 작은 숙제를 얻게 된다.

A. 서울시 종로구 세종대로 175 세종이야기

T. 02 399 1794

O. 2018년 10월 5일~2018년 10월 21일

이소라 콘서트
코엑스 오디토리움

공기가 쌀쌀해지는 계절에는 그녀의 목소리가 그리워진다. 진지하고 진득한, 모든 감정을 날 것 그대로 옮겨 담은 목소리와 가사가 사람들 마음 속에 잊혀졌던 기억을 끄집어 내기 때문이다. 더 오래오래 그녀가 노래를 불러주었으면 좋겠다고 생각하게 되는 시간이 그곳에 있다.

A. 서울시 강남구 영동대로 513 코엑스 3F

T. 02 6000 5555

O. 2018년 12월 22일~2018년 12월 31일

어쩌면 해피엔딩
대명문화공장

21세기 후반, 가까운 미래에 인간을 돕기 위해 만들어진 로봇 올리버와 클레어는 이제는 구형이 되어 외롭게 살아간다. 우연히 서로를 마주하면서 조금씩 가까워지고 인간의 감정을 배우게 된다. 시간이 오래 될수록 그것이야말로 가장 크고 깊은 고통이라는 것을 깨닫게 된다. 서정적인 플롯과 감정을 잘 드러내는 음악이 겨울의 빈틈을 메운다.

A. 서울시 종로구 대학로12길 21

T. 1899 3738

O. 2018년 11월 13일~2019년 2월 10일

CHANTECAILLE
LIP VEIL SAVES ELEPHANTS
과거 개체수의 불과 4%만 살아남은 아프리카 코끼리는 우리의 도움이 시급하게 필요한 존재입니다. 샹테카이의 신제품 '립 베일' 을 구입하면 비영리 야생동물 보호단체 스페이스 포 자이언츠(Space For Giants)를 후원해 멸종위기 동물인 아프리카 코끼리를 돕는 의식 있는 활동에 동참할 수 있습니다.
샹테카이 립 베일 LIP VEIL
페어 와일드 인증*을 받은 바오밥 오일이 풍부하게 함유된 12가지 컬러의 모던 립스틱
*페어 와일드(Fair Wild) 스탠다드
야생 식물이 윤리적으로 채취되고 공정하게 거래되었음을 보장하는 야생식물종 보호 표준인증
모델이 사용한 컬러– 엘더베리
NEW
CHANTECAILLE
Photo Credits: Model – Philippe Chantecaille
Elephant – Mark Drury
현대백화점 본점 • 현대백화점 판교점 • 롯데백화점 본점 • 갤러리아 WEST • 롯데면세점 명동본점 • 신라면세점 서울점 • 신세계면세점 명동점 www.instagram.com/chantecaillekr

색깔을 말하는 하나

네덜란드의 '오렌지' | 발행인 **송원준**
중학생 시절 오락실에서 축구 게임을 즐겨했다. 국가는 항상 네덜란드였다. 그때부터 오렌지색이 늘 좋았다.

숲속의 '녹색' | 편집장 **김이경**
항상 컴퓨터나 종이에 적힌 글을 보는 일을 하다 보니, 눈에 환기가 필요할 때는 먼 하늘을 보곤 한다. 그걸로도 눈이 정화되지 않을 때면 공원이나 숲에 가서 녹색을 잔뜩 눈에 담는다. 공원이 가까운 동네에 사는 덕분에 그리 어려운 일은 아니다. 그중에서도 깊고 서늘하면서 습기를 가득 품고 있는 차분한 녹색.

모든 색을 좋아해 | 경영지원 **이소정**
각각의 색깔이 가진 느낌과 매력이 다르니 어느 하나를 고른다는 것은 예의가 아닌듯하다. 산뜻하고 경쾌한 노랑이나 사랑스러운 핑크, 친근하며 싱그러운 연두, 푹 빠질 것만 같은 깊은 파랑. 나는 다양한 색깔을 좋아한다.

로마의 '헤이즐넛' | 에디터 **정혜미**
원래 하얀색과 검은색을 좋아하지만, 최근 다른 색에 빠졌다. 얼마 전 로마에 다녀왔다. 그 도시는 껍질을 벗긴 헤이즐넛 색과 닮았다. 내가 받은 느낌은 그렇다. 콜로세움, 판테온, 역사 깊은 성당, 골목의 바닥, 몇천 년의 시간이 녹아 있는 건축물, 일주일간 하루에 하나씩 사 먹던 헤이즐넛 맛 아이스크림. 모두 닮은 색이다. 생각해보니 가을을 제일 좋아하는데, 가을도 헤이즐넛 색과 비슷하다.

이브 클라인의 '블루' | 에디터 **김혜원**
블루를 사랑해 자신만의 블루를 만든 화가. 프랑스 화가 이브 클라인의 블루, 정확히 말하면 '인터내셔널 클라인 블루'를 좋아한다. 그리고 그의 삶도, 그의 작품도.

잔디밭의 '연초록' | 에디터 **이자연**
친구들에게 편지를 쓸 때 '자연이가'라고 마치며 옆에는 꼭 나무 한 그루를 그린다. 기분에 따라 열매나 꽃송이도 나무 머리에 매달곤 한다. 내 이름을 따라 나는 푸른색을 사랑한다. 그중에서 유독 잔디의 연녹색을 좋아하는데 나의 가장 가까운 곳에서 자주 볼 수 있는 푸름이기 때문. 특히나 갓 태어난 새싹의 연녹색은 부드러움까지 느껴진다. 자연과 연초록이 만나니 자연초록!

레이디 버드의 '핑크' | 디자이너 **윤원정**
그동안 모르고 살았는데, 주변을 돌아보니 생각보다 나는 핑크색을 좋아하는 사람이었다. 그런 내게 핑크 하면 떠오르는 영화가 있다. 영화 〈레이디 버드〉. 다친 팔에 한 깁스마저 핑크색이었던, 자유분방한 주인공이 등장하는 영화였다. 내가 좋아하는 핑크, 레이디 버드의 깁스 색, 바로 그 핑크색이다.

델핀의 '빨강' | 디자이너 **최인애**
최근 〈녹색광선〉이라는 영화를 보았다. 주인공 델핀은 빨간 자켓을 자주 입는다(다른 옷도 많았는데, 요즘 내가 빨간 아이템에 꽂히다 보니 눈에 더 띈 것 같다). 영화 속 델핀에게 행운을 가져다주는 것은 초록색이라는데, 그녀를 둘러싼 색의 대부분이 빨간색이었던 게 아이러니하다. 그러면 어때, 초록색 모자를 쓰고 빨간 자켓을 입은 그녀는 프랑스에서 휴가를 즐기는 수많은 여성 중 가장 사랑스러워 보였다.

조르조 모란디의 '오트' | 디자이너 **양예술**
조르조 모란디의 그림 속 오브제들은 한결같이 차분하다. 무엇 하나 별나게 드러나는 색 없이 채도 낮은 색들이 서로 한 데 어울려 화합을 이룬다. 오랫동안 보아도 싫증이 나지 않고 한없이 편안하기만 하다. 색명도 너무 곱다, 오트.

Henry Cotton's

Quintessentially British - Creatively Italian
Since 1934

VOL.01 VOL.02 VOL.03 VOL.04 VOL.05 VOL.06 VOL.07 VOL.08 VOL.09 VOL.10
VOL.11 VOL.12 VOL.13 VOL.14 VOL.15 VOL.16 VOL.17 VOL.18 VOL.19 VOL.20
VOL.21 VOL.22 VOL.23 VOL.24 VOL.25 VOL.26 VOL.27 VOL.28 VOL.29 VOL.30
VOL.31 VOL.32 VOL.33 VOL.34 VOL.35 VOL.36 VOL.37 VOL.38 VOL.39 VOL.40
VOL.41 VOL.42 VOL.43 VOL.44 VOL.45 VOL.46 VOL.47 VOL.48 VOL.49 VOL.50
VOL.51 VOL.52 VOL.53 VOL.54 VOL.55 VOL.56 VOL.57 VOL.58 VOL.59 VOL.60
VOL.61 VOL.62

정기구독 안내
어라운드는 월간지로 발행됩니다.
정기구독 신청자에게는 할인 혜택과 함께
매달 배지를 선물로 드립니다.

1년 정기구독 총 11권(7·8월 합본호)
148,500원(10%할인)
aroundstore.kr

광고문의 ad@a-round.kr │ 070 8650 6378
구독문의 magazine@a-round.kr │ 070 8650 6375
기타문의 around@a-round.kr │ 070 8650 6378
어라운드빌리지 around@a-round.kr │ 070 8638 6214

MAGAZINE a-round.kr
STORE aroundstore.kr
INSTAGRAM instagram.com/aroundmagazine
　　　　　　 instagram.com/aroundmagazine.eng
FACEBOOK facebook.com/around.play
FILM vimeo.com/around